Entwicklung eines Konzepts zum interkulturellen Umgang mit nichtdeutschsprachigen Ausländern zur Bewältigung ausgewählter polizeilicher Situationen

D1732270

ISSN 1614-2527
ISBN 978-3-86676-540-5

Schriftenreihe der Thüringer Fachhochschule für öffentliche Verwaltung, Fachbereich Polizei

Herausgegeben von Thomas Ley

Yves Michaelis

Entwicklung eines Konzepts zum interkulturellen Umgang mit nichtdeutschsprachigen Ausländern zur Bewältigung ausgewählter polizeilicher Situationen

ISSN 1614-2527
ISBN 978-3-86676-540-5

Verlag für Polizeiwissenschaft
Prof. Dr. Clemens Lorei

Bibliografische Information der Deutschen Nationalbibliothek
Die Deutsche Nationalbibliothek verzeichnet diese Publikation in der Deutschen Nationalbibliografie; detaillierte bibliografische Daten sind im Internet über http://dnb.d-nb.de abrufbar.

Verlag für Polizeiwissenschaft, Prof. Dr. Clemens Lorei
Eschersheimer Landstraße 508 • 60433 Frankfurt
Telefon/Telefax 0 69/51 37 54 • verlag@polizeiwissenschaft.de
www.polizeiwissenschaft.de

Printed in Germany

Inhalt

6

Vorwort von Doris Klein

Thema der Bachelorarbeit:
Entwicklung eines Konzepts zum interkulturellen Umgang mit nicht-deutschsprachigen Ausländern zur Bewältigung ausgewählter polizeilicher Situationen

Das Verfassen einer wissenschaftlichen Abschlussarbeit gehört zum erfolgreichen Abschluss eines Studiums an der Fachhochhochschule für öffentliche Verwaltung, Fachbereich Polizei, dazu. Studierende können damit unter Beweis stellen, wie sie eine wissenschaftliche Arbeitsweise mit hoch aktuellen oder herausfordernden Themen verknüpfen.
Die Schriftenreihe „Thüringer Fachhochschule für öffentliche Verwaltung, Fachbereich Polizei" bietet sich sehr gut an, um interessierten Lesern einen Einblick in solche Thematiken zu gewähren.
Der Verfasser der vorliegenden Arbeit, Yves Michaelis, heute als Polizeikommissar am Bildungszentrum der Thüringer Polizei tätig, beschäftigt sich mit dem Thema: Entwicklung eines Konzepts zum interkulturellen Umgang mit nichtdeutschsprachigen Ausländern zur Bewältigung ausgewählter polizeilicher Situationen.
In der neuen Zeitschrift zur Polizeilichen Bildung „Polizei.Wissen."(August 2017) werden Themen behandelt, die in Polizeiaus – und Fortbildungseinrichtungen von verschiedenen Sichtweisen beleuchtet werden.
Der 2. Bundestags-NSU-Untersuchungsausschuss stellte bereits in seinem Abschlussbericht im August 2013 fest:
„*Interkulturelle Kompetenz*" muss ein fester Bestandteil der Polizeiausbildung sein und zum professionellen Umgang mit gesellschaftlicher Vielfalt befähigen."
Dieser Forderung verleiht auch Eva Högel (Mitglied des Deutschen Bundestages und engagiert im ersten Untersuchungsausschuss des Bundestages zum NSU) Nachdruck, indem sie betont, dass interkulturelle Kompetenz zum verpflichtenden Bestandteil der Polizeiausbildung zu etablieren sei.
Genau dieser Forderung ist Herr Michaelis mit seiner Bachelorarbeit nachgekommen.
Der aus der Bachelorarbeit ausgegliederte Gestenkatalog, der ebenfalls in der o.g. Schriftenreihe erscheint, bietet bereits die praktische Umsetzung dieser Forderung für den Bereich Englisch.
Noch viel zu selten wählen Studierende Themen, die inhaltlich und thematisch mit der englischen Sprache verbunden sind. Herr Michaelis hat sich dieser Herausforderung gestellt und zugleich ein Thema von weitreichender gesellschaftlicher Bedeutung bearbeitet.

Wie er selbst in der Bachelorarbeit feststellt, werden sprachliche Schwierigkeiten nachweislich als Kernproblem im Umgang mit Ausländern angesehen. Ganz besonders gilt das für den Bereich der Schutzpolizei. Die polizeiliche Handlungssicherheit im interkulturellen Umgang mit nichtdeutschsprachigen Personen ist nicht immer gewährleistet. Eine erfolgreiche polizeiliche Kommunikation in interkulturellen Kontexten ist nach Meinung des Verfassers für eine angemessene Verständigung von großer Bedeutung. Herr Michaelis hat ein sehr intensives Literaturstudium für die gewählte Thematik betrieben.

Nicht nur Standardwerke wurden zur Recherchen herangezogen, auch englischsprachige Fachliteratur und Analysen fließen in seine Betrachtungen mit ein.

Verschiedene Definitionen, Auffassungen und Erkenntnisse zum gegenwärtigen Forschungsstand zum Thema „interkulturelle Kompetenz" werden durchgängig kritisch hinterfragt und reflektiert. Kontinuierlich wird auf den polizeilichen Bezug hingewiesen.

Seine theoretischen Überlegungen münden in einen Konzeptvorschlag, der neben einem Gestenkatalog auch die entsprechenden Wendungen in deutscher und englischer Sprache ausweisen.

Für die Begründung eines solchen Konzepts führt Herr Michaelis leitfadengestützte Interviews durch. Interviews mit Experten, die mehrjährige und einschlägige Erfahrungen durch ihre Einsätze in polizeilichen Auslandsmissionen aufweisen können. Aus Gründen des Datenschutzes werden die geführten Interviews nicht publiziert.

Mit der Entwicklung dieses Konzepts zum interkulturellen Umgang mit nichtdeutschsprachigen Ausländern und dem damit entstandenen Gestenkatalog (erscheint separat im Band 12 der Schriftenreihe „Thüringer Fachhochschule für öffentliche Verwaltung, Fachbereich Polizei") kann es vielleicht gelingen, dass Polizeibeamte im Umgang mit ausländischen Bürgern schneller und sicherer reagieren.

1. Problemstellung

Globalisierung und aktuelle gesellschaftliche Entwicklungen implizieren, dass Begegnungen von Menschen mit unterschiedlichem kulturellen Hintergrund zunehmen werden. Über 11% der Bevölkerung in Deutschland kommt aus dem Ausland.[1] Der aktuelle Trend verdeutlicht, dass sich dieser Anteil noch erhöhen wird. Hinzu kommt, dass aufgrund seiner Bedeutung als Ziel- und Transitland jährlich Millionen nichtdeutschsprachige Personen in Deutschland einreisen.

Entwicklungen dieser Art betreffen gleichzeitig immer auch die Polizei, sodass sich Situationen, die einen professionellen interkulturellen Umgang erfordern, in Zukunft häufen werden. Folglich muss sich die Polizei darauf einstellen, um ihre Aufgaben, die vornehmlich dem Schutz, der Erhaltung und Wiederherstellung von öffentlicher Sicherheit und Ordnung dienen, professionell, zielgerichtet sowie anforderungsgerecht und lageangepasst zu bewältigen. Ihre Funktion können Polizeibeamte oftmals nur im direkten Kontakt mit dem Bürger erfüllen, wobei aufgrund geltender Gesetze in der Regel eine Handlungs- und damit Interaktionspflicht besteht, der sich kein Akteur entziehen kann. Ferner wird von vorneherein nicht immer ein Konsens zwischen den Beteiligten angestrebt, sodass Konflikte auftreten oder gar eskalieren können.

Im Kontakt mit nichtdeutschsprachigen Ausländern können kulturelle Unterschiede und kommunikative Barrieren die Interaktion stark beeinflussen. Aktuelle Studien zeigen, dass Beamte insbesondere sprachliche Verständigungsschwierigkeiten als zentrales Problem im interkulturellen Umgang erachten.[2] Doch auch von dem Gegenüber werden sie als bedeutend wahrgenommen, wie Sterzenbach in der Auswertung seiner Untersuchung zum interkulturellen Handeln zwischen Polizisten und Fremden unter Bezugnahme auf Begegnungen im Rahmen der schutzpolizeilichen Arbeit ausführt. Aufgrund oftmals bestehender Defizite bei mindestens einem der Interaktanten gestaltet sich auch ein Ausweichen auf eine Fremdsprache schwierig. Insgesamt beeinträchtigt das Verständigungsproblem sowohl die Sachverhaltsaufnahme als auch Begegnungen auf psychologischer Ebene, wobei sich Stressreaktionen bei den Beamten sprachlich und nonverbal äußern. Sterzenbach vertritt deshalb die Ansicht, dass Widerstandshandlungen von nichtdeutschsprachigen Personen reduziert werden könnten, wenn die Polizei mehr Handlungsflexibilität und eine professionellere Ge-

---

[1] Vgl. Statistisches Bundesamt 2017; Stand: 31.12.2015.
[2] Vgl. Fachhochschule Polizei Sachsen-Anhalt 2014, S. 72; Sterzenbach 2013, S. 235; Sauerbaum 2009, S. 85 f.

sprächskompetenz an den Tag legen würde, deren Defizite er auf eine unzureichende Ausbildung zurückführt.[3]

Unter Zugrundelegung dieser Ausführungen lautet die Zielstellung dieser Arbeit, Grundlagen eines Konzepts zu erarbeiten, das dazu beitragen soll, die polizeiliche Handlungssicherheit im interkulturellen Umgang mit nichtdeutschsprachigen Personen zu erhöhen und Situationen auch im Sinne der Eigensicherung kommunikativ unter Verwendung einer Fremdsprache erfolgreich zu bewältigen. Hierbei wird davon ausgegangen, dass die Anwendung der englischen Sprache als Hauptweltsprache in Form einfacher, kurzer und verständlicher Sätze in Verbindung mit möglichst prägnanten und „kulturneutralen" Gesten zur Unterstützung des Gesagten am ehesten eine Verständigung zwischen dem Polizeibeamten und dem polizeilichen Gegenüber gewährleisten. In diesem Zusammenhang wird Bezug zu ausgewählten Maßnahmen und Situationen hergestellt, die zum Alltag eines Streifenbeamten gehören, da diese besonders häufig problematischen ad hoc Situationen gegenüberstehen können und diese flexibel lösen müssen. Im Mittelpunkt steht dabei die Entwicklung eines Katalogs mit für den Dienst nützlichen Formulierungen bzw. Satzbausteinen, sogenannten „useful phrases", die zusätzlich mit entsprechenden Gesten bzw. Handzeichen verknüpft werden, um sprachliche Verständnisprobleme abzubauen.

Vor der Erarbeitung und Darstellung des Konzepts findet eine grundlegende Auseinandersetzung zum interkulturellen Umgang statt, um eine entsprechende theoretische Basis zu schaffen. Hierbei werden zunächst die Konstrukte „Kultur" und „interkulturelle Kompetenz" thematisiert. Im folgenden Abschnitt wird auf die Grundzüge, Besonderheiten und Problemfelder interkultureller Kommunikation eingegangen, wobei die Rolle des Englischen als lingua franca herausgestellt wird und Bezüge zur polizeilichen Kommunikation hergestellt werden. Im anschließenden Methodik-Teil werden die Rahmenbedingungen für ein polizeiliches Konzept umrissen und die durchgeführte Expertenbefragung beschrieben. Das folgende Kapitel widmet sich den Kernelementen des Konzepts, wobei die Ergebnisse aus den Befragungen in die Ausgestaltung einfließen. Im anschließenden Diskussionsteil werden einzelne Aspekte kritisch beleuchtet und die Möglichkeiten der Einbindung des Konzepts in die polizeiliche Ausbildung diskutiert. Ein Ausblick bzw. Fazit rundet die thematische Auseinandersetzung ab.

---

[3] Vgl. Sterzenbach 2013, S. 235 ff. Souveräner verhielten sich gemäß Autor die Beamten der Verkehrspolizei, wobei er den kommunikativen Erfolg auf eine geduldige, wertneutrale Haltung gegenüber den Klienten und dem Selbstbild des Beamten weniger als Verbrechensbekämpfer, sondern eher als Sachbearbeiter zur Durchsetzung des Rechts zurückführt.

2. Theoretische Aspekte zum interkulturellen Umgang

2.1 Kulturbegriff

Je nach zugrundeliegender Perspektive existiert eine Vielzahl an Definitionen für den Begriff „Kultur". Derweil wird die Anzahl auf über 300 geschätzt.[4] Bezugnehmend auf das allgemeine Verständnis eines erweiterten Kulturbegriffs, welcher Wechselwirkungen zur natürlichen Umwelt berücksichtigt, bildet jede Kultur eine Lebenswelt und offenbart sich in gegenständlichen und nichtgegenständlichen Erzeugnissen, worunter auch Recht, Ethik, Technik, Bildungssysteme und Religion fallen.[5] In Anlehnung an Thomas stellt Kultur ein von einer Gesellschaft bzw. Gruppe erschaffenes Orientierungssystem dar. Über Generationen weitergetragen bestimmt es Wahrnehmen, Denken und Handeln ihrer Individuen und gleichzeitig deren Zugehörigkeit.[6] Folglich sind auch Prozesse der Kommunikation kulturell geprägt.

2.2 Interkulturelle Kompetenz

2.2.1 Einordnung interkultureller Kompetenz

Eine Kompetenz bezieht sich im Allgemeinen immer auf die Bewältigung spezifischer Anforderungen, die eine gewisse Komplexität aufweisen.[7] Im Rahmen interkultureller Kompetenz geht es vorrangig um die Bewältigung interkultureller Überschneidungssituationen, welche durch Kontakte von Personen charakterisiert sind, die in verschiedenen Kulturen sozialisiert wurden.[8] Mittlerweile existiert eine sehr große Fülle unterschiedlicher Ansätze und Definitionen in diesem Kontext. Zur Annäherung an den Begriff bietet es sich daher an, die Definition von Thomas heranzuziehen, da sie interkulturelle Kompetenz umfassend beschreibt und ihre Bedeutung für den interkulturellen Umgang bzw. die interkulturelle Kommunikation explizit herausstellt:

- „Interkulturelle Kompetenz ist die notwendige Voraussetzung für eine angemessene, erfolgreiche und für alle Seiten zufrie-

---

[4] Vgl. Broszinsky-Schwabe 2011, S. 68.
[5] Vgl. Bolten 2007, S. 13. Gemäß ebenda, S. 16 ff. wird der erweiterte bzw. lebensweltliche Kulturbegriff in eine geschlossene und eine offene Variante unterschieden, wobei erstere der Vorstellung unterliegt, dass sich Kulturen räumlich voneinander abgrenzen lassen, etwa politisch, geographisch, sprachlich und geisteswissenschaftlich. Die zweite definiert Kulturen, u.a. bedingt durch die rapiden Wandlungsprozesse der Globalisierung, als mannigfache soziale Lebenswelten wechselnden Ausmaßes und Zusammensetzung.
[6] Vgl. Thomas 1993, S. 380.
[7] Vgl. OECD 2005, S. 6.
[8] Vgl. Thomas, Simon 2007, S. 136 f.

denstellende Kommunikation, Begegnung und Kooperation zwischen Menschen aus unterschiedlichen Kulturen.
- Interkulturelle Kompetenz ist das Resultat eines Lern- und Entwicklungsprozesses.
- Die Entwicklung interkultureller Kompetenz setzt die Bereitschaft zur Auseinandersetzung mit fremden kulturellen Orientierungssystemen voraus, basierend auf einer Grundhaltung kultureller Wertschätzung.
- Interkulturelle Kompetenz zeigt sich in der Fähigkeit, die kulturelle Bedingtheit der Wahrnehmung, des Urteilens, des Empfindens und des Handelns bei sich selbst und bei anderen Personen zu erfassen, zu respektieren, zu würdigen und produktiv zu nutzen."[9]

Die begriffliche Einordnung verdeutlicht, dass interkulturelle Kompetenz eine hohe Komplexität aufweist und auf mehr als bloßem Wissen beruht. Je nach zugrundeliegendem Ansatz wurden daher verschiedene Modelle entwickelt, die beschreiben, was interkulturelle Kompetenz beinhaltet und ausmacht.[10]

2.2.2 Das Modell nach Bolten

In Anbetracht polizeiberuflicher Anforderungen erscheint Boltens Ansatz von interkultureller Kompetenz besonders stimmig, da interkulturelle Kompetenz nicht als eigenständige Handlungskompetenz betrachtet wird, sondern „als Fähigkeit, individuelle, soziale, fachliche und strategische Teilkompetenzen in ihrer bestmöglichen Verknüpfung auf interkulturelle Handlungskontexte beziehen zu können."[11]
In der Abbildung 1 im Anhang wird dies ersichtlich.[12] Die den einzelnen Bereichen zuordenbaren Teilkompetenzen beeinflussen nach Bolten sowohl den Handlungserfolg in intra- als auch interkulturellen Kontexten. Als interkulturell spezifische Kompetenzen benennt er lediglich kulturelles Wissen, Fremdsprachenkenntnisse sowie die Fähigkeit zur Erklärung und Beschreibung eigen-, fremd- und interkultureller Prozesse. Sie sind somit

---

[9] Thomas 2011, S. 310.
[10] Beispiele in diesem Zusammenhang sind Listenmodelle, Strukturmodelle, Stufen- und Phasenmodelle und Prozessmodelle. Listenmodelle bestehen aus Merkmalslisten. Strukturmodelle strukturieren zusätzlich die Merkmale und teilen sie in Gruppen ein. Stufen- bzw. Phasenmodelle verstehen interkulturelle Kompetenz als Entwicklungsprozess. Prozessmodelle setzen die Elemente interkultureller Kompetenz in Wechselwirkung. Zur genaueren Beschreibung und Kritik vgl. Frank 2016, 36 ff.
[11] Bolten 2007, S. 87. Es handelt sich hierbei um ein Prozessmodell.
[12] Vgl. Anhang 1, S. 64.

keinem der oben genannten Bereiche zugeordnet und finden sich teilweise im Zentrum der Abbildung wieder.[13]

Überträgt man das Modell auf polizeispezifische Kontexte, so kann davon ausgegangen werden, dass ein Beamter mit umfassend ausgeprägter Handlungskompetenz bessere Voraussetzungen besitzt, intra- sowie interkulturelle Lagen erfolgreicher zu bewältigen, als ein Beamter mit Defiziten in diesen Bereichen. Dies setzt voraus, dass ihm ein angemessener Transfer von Kompetenzen auf interkulturelle Überschneidungssituationen gelingt und dieser bspw. nicht durch Vorurteile behindert wird, welche zudem die gesamte Kommunikation beeinträchtigen können. Für interkulturelle Interaktionen treten in diesem Zusammenhang nicht zuletzt auch Fremdsprachenkenntnisse in den Vordergrund, weshalb die Ausführungen von Bolten für diese Arbeit besonderes Interesse erlangen.

Kritik wird jedoch bezüglich der Einordnung der Kommunikationsfähigkeit[14] bzw. Metakommunikationsfähigkeit[15] von Seiten Camerers geübt. Seiner Meinung nach sollte gerade diese Fähigkeit mit im Zentrum des Kreises angeordnet sein, da sich interkulturelle Kompetenz erst in direkten Kommunikationssituationen erweist.[16] Dieser Grundidee wird im Rahmen dieser Arbeit gefolgt, wenngleich die Anordnung der Kompetenzen im Modell keine Wertigkeit anzeigt.

2.2.3 Interkulturelle Kompetenz als polizeiliches Thema

Das Potenzial von interkultureller Kompetenz, Konflikte, Gewalt und Eskalation zu vermeiden, macht sich seit Beginn des 21. Jahrhunderts auch verstärkt die Polizei zunutze.[17] Hierbei existieren verschiedene Ansätze[18], wobei auch interkulturelle Trainings[19] stattfinden, deren Effektivität im

---

[13] Vgl. Bolten 2007, S. 86.

[14] „Vermögen, kommunikativ auf andere zuzugehen, Beziehungen aufbauen und Kommunikationsnetzwerke errichten zu können. Dies gilt vor allem dann, wenn Situationen problematisch erscheinen und man sich am liebsten zurückziehen würde." Bolten 2007, S. 113.

[15] „Fähigkeit, über Kommunikationsprozesse zu kommunizieren[...]", ebenda.

[16] Vgl. Camerer 2007, S. 3.

[17] Vgl. Frank 2016, S. 61 f.

[18] Vgl. Leenen 2005ᵃ, S. 48; Frank 2016, S. 65 ff. zur genaueren Darstellung interkultureller Qualifizierungsansätze. Diese existieren in Form von Anti-Rassismus-Ansätzen, Kontakt- bzw. Verständigungsansätzen, Diversity Management, der Einstellung von Migranten und interkultureller Trainings.

[19] Gemäß Fortbildungskatalog des Bildungszentrums der Thüringer Polizei ist ein Fortbildungsseminar zum Thema interkulturelle Kompetenz ausgeschrieben. Laut Zielstellung stehen für die Teilnehmer Sensibilisierung, Schaffung von Verständnis und Reflexionsfähigkeit im Mittelpunkt.

Allgemeinen wissenschaftlich erwiesen wurde.[20] Im Sinne von Boltens Modell kann mit Bezug auf die Polizei somit herausgestellt werden, dass Trainings den Transfer von individuellen, strategischen, fachlichen und sozialen Kompetenzen auf interkulturelle Kontexte begünstigen, wohl aber kaum reale Situationen vollumfänglich ersetzen können. Camerer kritisiert, dass sich die meisten Trainings auf kultur- und landesbezogene Wissensvermittlung, Handlungsempfehlungen und Übungen zur Selbst- und Fremdwahrnehmung beschränken, jedoch meist nicht die kommunikativen Fertigkeiten einbeziehen und somit den wichtigsten Aspekt im interkulturellen Austausch vernachlässigen.[21] In Anbetracht polizeilicher Praxis ist letzterer Punkt jedoch von hoher Bedeutung, weil Handlungsunsicherheiten gerade auch aus Kommunikationsschwierigkeiten resultieren können.

Die Vermittlung kulturspezifischen Wissens als Hauptmethode zur Entwicklung interkultureller Kompetenz bei der Polizei wird ebenso durch Jacobsen in Zweifel gezogen, da zudem ihre Möglichkeiten und Grenzen nicht klar bestimmt sind.[22] Sterzenbach führt sogar aus, dass Polizisten nicht zwingend Erklärungskategorien benötigen, um ihre Arbeit zu verrichten, da es vordergründig darum geht, Sachverhalte im Rahmen interkultureller Begegnungen effektiv zu bewältigen. Klar strukturierte, geregelte Abläufe und die Tatsache, dass das Gegenüber meist die Vorgehensweise der Polizei akzeptiert, entbehren einer differenzierteren Auseinandersetzung.[23]

Ein höherer Stresspegel ist interkulturellen Erstkontaktsituationen inhärent, weil das Verhalten des Gegenübers schwieriger zu deuten ist.[24] Obwohl sich laut Jacobsen im Verlangen nach Wissen über andere Kulturen in polizeilichen Kontexten meist ein Bedürfnis nach Handlungssicherheit manifestiert, sieht sie darin jedoch erstens ein praktisches Problem, zweitens ein Problem der Angemessenheit und drittens die Gefahr der Stereotypisierung.[25]

Zum ersten Problem führt sie aus, dass Polizeibeamte Mitgliedern aus unterschiedlichen Kulturen begegnen können, ohne immer in der Lage zu sein, deren kulturelle Herkunft genau zu bestimmen. Polizeibeamte müssten demnach ein umfangreiches Wissen hinsichtlich verschiedenster Kulturen erwerben. Dies sei jedoch völlig unrealistisch. Das Problem der Angemessenheit bezieht sich auf ein kompetentes, angemessenes und flexibles

---

[20] Vgl. Frank 2016, S. 60.
[21] Vgl. Camerer 2007, S. 3.
[22] Vgl. Jacobsen 2011, S. 155.
[23] Vgl. Sterzenbach 2013, S. 240.
[24] Vgl. Barna 1998; zitiert nach Philipp 2002, S. 97.
[25] Vgl. Jacobsen 2011, S. 157. Gemäß Bolten 2007, S. 54 sind Stereotypen im Gegensatz zu Vorurteilen jedoch keinesfalls negativ und er wertet sie als ersten Schritt zum Positiven, sofern sie mit differenzierenden Erfahrungen angereichert werden.

Verhalten in kulturellen Überschneidungssituationen. Hierfür ist jedoch ihrer Meinung nach kognitives Wissen weniger entscheidend als ein Gespür für richtiges oder falsches Verhalten. Das dritte Problem bezieht sich für Jacobsen auf die Gefahr der Stereotypisierung, die professionelles und situationsangepasstes Handeln einschränkt, da keine Einzelfallbetrachtung mehr erfolgt.[26] Obwohl nicht abzustreiten ist, dass spezifisches kulturelles Wissen für den Dienst durchaus hilfreich sein kann, sollten Fortbildungskonzepte gemäß obiger Ausführungen vornehmlich eine kulturallgemeine Ausrichtung haben. Dafür spricht laut Leenen insbesondere auch, dass sich in interkulturellen Überschneidungssituationen Individuen begegnen, die eine unterschiedliche dynamische Beziehung zur eigenen und fremden Kultur aufweisen, sodass entsprechende Fortbildungsansätze im Inland darauf abzielen müssen, „den flexiblen Umgang mit dynamischen kulturellen Spannungen zu fördern."[27] Erfolgversprechend dürfte in diesem Sinne durchaus eine allgemeine Sensibilisierung für kulturelle Unterschiede sein. Nichtsdestotrotz lässt sich gemäß Bornewasser zusammenfassen, dass es bei interkulturellen Trainings der Polizei vordergründig um eine Verbesserung der polizeilichen Arbeit und nicht um Fremdverstehen an sich gehe.[28]

---

[26] Vgl. Jacobsen 2011, S. 157 ff. Aus diesen Überlegungen heraus entwickelte die Autorin den situativen Ansatz, dessen Verständnis von interkultureller Kompetenz sich nicht durch kulturspezifischer Experteneigenschaften definiert, sondern auf der differenzierten Betrachtung von Situationen beruht. Hierbei analysiert der Polizeibeamte bestimmte Merkmale, wie Geschlecht, Alter, Herkunft, Sprachvermögen oder Einkommen, die das Gegenüber in die Interaktion einbringt und nutzt seinerseits persönliche Merkmale zur gezielten Beeinflussung der Situation. Auf diese Weise können laut Jacobsen einerseits Spielräume der Interaktion zugänglich gemacht und Konfliktsituationen mit möglichst wenig Eskalationswirkung gestaltet werden.

[27] Leenen 2005[b], S. 94.

[28] Vgl. Bornewasser 2009, S. 35.

2.3 Interkulturelle Kommunikation im Rahmen der Polizeiarbeit

„Interkulturelle Kommunikation ist fest verbunden mit ‚Interkulturalität‘, das heißt mit Beziehungen zwischen den Kulturen, wo immer sie stattfinden und welcher Art sie sein mögen. "[29] Sie ist gegeben, wenn sich Personen aus unterschiedlichen Kulturen verständigen. Obwohl die Begriffe interkulturelle Kompetenz und interkulturelle Kommunikation oft gleichbedeutend verwendet werden, besteht für Erll und Gymnich doch ein gewisser Unterschied. Interkulturelle Kommunikation ist für sie eine Form der Interaktion, in der interkulturelle Kompetenz unmittelbar zum Tragen kommt, aber auch angeeignet und vertieft wird.[30]
Interkulturelle Kommunikation findet immer häufiger auch im polizeilichen Alltag statt. Beamte können jederzeit und aus verschiedenen Anlässen mit Personen zusammentreffen, die einen unterschiedlichen kulturellen Hintergrund aufweisen. Wenngleich die daraus resultierenden interkulturellen gegenüber intrakulturellen Kommunikationssituationen oftmals anders wahrgenommen werden, beruhen sie dennoch weiterhin auf fundamentalen Prinzipien von Kommunikation.

2.3.1 Das Sender-Empfänger-Modell

Kommunikation leitet sich vom lateinischen Wort communicare" ab. Es bedeutet so viel wie „mitteilen" bzw. „eine Mitteilung machen" oder auch „etwas gemeinsam machen. "[31]
Zwischenmenschliche Kommunikation beruht dabei auf dem Gebrauch verbaler und nonverbaler Zeichen. Gemäß dem Sender-Empfänger-Modell werden Informationen, durch den Sender encodiert, dem Empfänger mitgeteilt. Dieser entschlüsselt bzw. dekodiert die Mitteilung und erschließt sich somit die Information. Verläuft dieser Prozess nicht einseitig, erfolgt also eine Rückmeldung in Form einer Mitteilung zurück an den Sender, so spricht man von Interaktion.[32] Der grundlegende Prozess ist in Abbildung 2 im Anhang mit Hilfe der gestrichelten Pfeile dargestellt.[33] Er bildet sozusagen die Basis für das vorliegende Modell, welches auch als erweitertes Sender-Empfänger-Modell betrachtet werden könnte.
Gemäß Gudykunst und Kim, den Entwicklern des Modells, ist der Kommunikationsablauf dabei nicht statisch. D.h. Enkodieren und Dekodieren laufen stets simultan ab. Sie werden zudem durch Umwelteinflüsse bzw. die soziale Umwelt geprägt. Dies verdeutlicht, dass Kommunikation nicht in einem abgeschlossenen System stattfindet. Die Besonderheit im Rahmen

---

[29] Broszinsky-Schwabe 2011, S. 19.
[30] Vgl. Erll, Gymnich 2007, S. 76.
[31] Vgl. PONS Online-Wörterbuch.
[32] Vgl. Watzlawik et al. 2003, S. 50 f.
[33] Vgl. Anhang 1, S. 64.

von interkulturellen Begegnungen besteht jedoch darin, dass jeder Interaktionspartner durch kulturelle, soziokulturelle und psychokulturelle Einflüsse geprägt ist, die auf die Prozesse des Enkodierens und Dekodierens einwirken und sich auch gegenseitig beeinflussen. Sie stellen in diesem Sinne Filter der Kommunikation dar.[34]

2.3.2 Die pragmatischen Axiome von Watzlawick

Axiome sind Grundprinzipien, die keines Beweises bedürfen. Die pragmatischen Axiome von Watzlawik, Beavin und Jackson erlangen hauptsächlich dann Bedeutung, wenn von Störungen der Kommunikation[35] die Rede ist und sind somit auch für die interkulturelle Kommunikation im Rahmen der Polizeiarbeit bedeutsam. Im Folgenden werden sie in ihren Grundzügen dargestellt:

Das erste Axiom bezieht sich auf den Umstand, dass jedes Verhalten im zwischenmenschlichen Umgang Mitteilungscharakter hat und folglich Kommunikation ist. Selbst Schweigen oder Nichthandeln bilden davon keine Ausnahme, sodass es unmöglich ist, nicht zu kommunizieren.[36]

Das zweite Axiom besagt, dass jede Mitteilung einen Inhalts- und einen Beziehungsaspekt hat. Die offensichtliche Information, die jede Mitteilung enthält, bezeichnet ihren Inhaltsaspekt. Weniger augenscheinlich ist der Umstand, dass sie gleichzeitig auch eine Information darüber enthält, wie der Sender seine Beziehung zum Empfänger sieht und dies letztendlich einen tragenden Aspekt für die Kommunikation bildet. Somit ist zu ergänzen, dass der Beziehungsaspekt den Inhaltsaspekt bestimmt und Metakommunikation darstellt.[37]

Das dritte Axiom besagt, dass die Interpunktion der Ereignisfolgen, welche Kommunikation als stetigen, wechselseitigen Austausch von Mitteilungen im Sinne eines Reiz-Reaktion-Musters erscheinen lässt, die Beziehung der Interaktionspartner bedingt. Interpunktion organisiert somit Verhalten und ist kulturabhängig.[38]

Das vierte Axiom bezieht sich auf darauf, dass sich menschliche Kommunikation digitaler und analoger Modalitäten bedient. Es besteht hierbei eine enge Beziehung zum zweiten Axiom. Der Inhaltsaspekt wird digital übermittelt, der Beziehungsaspekt analog. Digitale Mitteilungen sind abstrakt, vielseitig und komplex und enthalten einen logischen Syntax, den analoge Mitteilungen nicht aufweisen. Letztere drücken jedoch eine Beziehung aus,

---

[34] Vgl. Gudykunst, Kim 1992, S. 32.
[35] „Eine Kommunikationsstörung liegt [...] dann vor, wenn die an der Kommunikation beteiligten Personen ihr beabsichtigtes Ziel nicht erreichen und die gewünschte Wirkung ausbleibt." Philipp 2002, S. 68.
[36] Vgl. Watzlawick et al. 2003, S. 51 ff.
[37] Vgl. ebenda, S. 55 f.
[38] Vgl. ebenda, S. 57 f.

sodass sich digitale und analoge Modalitäten ergänzen. Analoge Modalitäten können sozusagen das Gesagte unterstützen, verstärken oder auch negieren. Im Grunde wird das Verhältnis zw. verbalen und nonverbalen Mitteilungsformen dargestellt.[39] Das fünfte Axiom besagt, dass zwischenmenschliche Kommunikationsabläufe entweder symmetrisch oder komplementär sind. Dies ist davon abhängig, ob die Beziehung zwischen den Partnern auf Gleichheit oder Unterschiedlichkeit abzielt. Symmetrische Beziehungen sind auf Gleichheit ausgerichtet, komplementäre Beziehungen ergänzen sich durch Unterschiedlichkeit, wobei ein Partner die untergeordnete Position innehat.[40] Gemäß Broszinsky-Schwabe sind im Kontext der interkulturellen Kommunikation die ersten drei Axiome besonders bedeutsam.[41] Doch gerade im speziellen Fall des hoheitlichen Handelns der Polizei spielt insbesondere auch das fünfte Axiom eine tragende Rolle.

2.3.3 Problemfelder interkultureller Kommunikation

Kommunikationsstörungen sind im Rahmen von interkulturellen Begegnungen nicht ungewöhnlich, sodass in diesem Abschnitt die entsprechenden Hintergründe behandelt werden. Gerade im polizeilichen Kontext erscheinen die Ausführungen von Thomas bedeutsam, da sie beschreiben, unter welchen Bedingungen eine Kommunikationssituation unter Umständen als problematisch wahrgenommen werden kann. Dies ist gegeben, wenn:

- „die Begegnung und die erwarteten Resultate für einen Partner oder für beide bedeutsam sind,
- die Partner gegenseitig gehäuft unerwartete Reaktionen in bedeutsamen Phasen des Interaktionsprozesses erfahren,
- die Partnerreaktionen mit den bekannten Orientierungsschemata nicht mehr zu erfassen und zu verstehen sind,
- der Partner auf die ihm vermittelten eigenen Intentionen und der Verständigung dienenden Aktionen nicht adäquat reagiert, respektive sie nicht versteht,
- der Handelnde sich in einer Situation befindet, in der er seine soziale Umwelt und sich selbst nicht mehr versteht, da die bisher eingesetzten Werkzeuge zur Orientierung und Verhaltenssteuerung nicht mehr taugen."[42]

Ein Kontakt mit der Polizei sollte für den Bürger eher eine Ausnahme sein. Von daher sind polizeiliche Maßnahmen für einen Ausländer, ob nun als

---

[39] Vgl. ebenda, S. 64 ff.
[40] Vgl. ebenda, S. 69 f.
[41] Vgl. Broszinsky-Schwabe 2011, S. 30.
[42] Vgl. Thomas 1999, S. 105.

Betroffener, Beschuldigter, Geschädigter oder Zeuge, aus dessen Perspektive immer von gewisser Bedeutung. Gleichzeitig können während der Interaktion gehäuft unerwartete Reaktionen von beiden Seiten auftreten und grundlegende Orientierungsschemata bei interkulturellen Begegnungen versagen. Irritationen sind das Ergebnis, da Verhaltenserwartungen nicht entsprochen wird und daraus Unsicherheit hinsichtlich des eigenen Verhaltens entsteht.[43] Irritationen betreffen hierbei gemäß Grosch bspw. die Bereiche Wahrnehmungsmuster, Symbole, verbale und nonverbale Kommunikation, Umgang mit Zeit, Verhaltensmuster, soziale Institutionen und Rollen, kognitive Stile und nicht zuletzt auch Wertorientierungen.[44]

Gemäß Thomas beruht Unverständnis zwischen den Kommunikationspartnern in interkulturellen Überschneidungssituationen auf kultureller Divergenz, Generalisierung und Routinisierung. Kulturelle Divergenz bedeutet, dass beide durch ein anderes Orientierungssystem geprägt sind. Generalisierung beruht auf der Ansicht, es wäre für jedermann gültig und Routinisierung heißt, dass die Partner ihr Orientierungssystem als selbstverständlich hinnehmen und es nicht mehr hinterfragen.[45]

Die sich daraus ergebenden Anforderungen ordnet Thomas den Komplexen des Eigen-, Fremd- und Interkulturellen zu. Für das Eigenkulturelle gilt, die „Bedingungen des Wahrnehmens, Denkens und Verhaltens zu thematisieren, zu reflektieren, ihre Eigenständigkeiten sowie Besonderheiten zu erkennen und verstehen zu lernen."[46] Bezüglich des Fremdkulturellen lauten die Anforderungen hingegen, die entsprechenden fremdkulturellen Bedingungen zu erfassen und Verständnis und Anerkennung für fremde Formen der Lebensgestaltung und Problemlösung zu entwickeln.[47] Im Rahmen des Interkulturellen geht es für Thomas u.a. darum, Ambiguitätstoleranz zu entwickeln sowie vereinbare und unvereinbare Elemente zu identifizieren und erstere für eine Annäherung zu nutzen, da die anderen meist keine Übereinkunft zulassen.[48]

Im Rahmen interkultureller Begegnungen zw. Polizeibeamten und Angehörigen anderer Kulturen können die genannten Punkte unter besonderer Berücksichtigung polizeilicher Erfordernisse letztendlich dazu beitragen, Kontakte förderlicher zu gestalten, da sie wesentliche Grundzüge interkultureller Kompetenz zusammenfassend konkretisieren.

---

[43] Vgl. Liebe 1996, S. 8.
[44] Vgl. Grosch 2005, S. 194.
[45] Vgl. Thomas 1999, S. 106.
[46] Thomas 1999, S. 107.
[47] Vgl. ebenda S. 109.
[48] Vgl. ebenda, S. 112 f.

2.3.4 Die Kommunikationsebenen

In interkulturellen Überschneidungssituationen, bei denen Personen direkt miteinander in Kontakt treten, spielt der Transfer von Informationen sowohl auf verbaler[49] als auch nonverbaler Ebene eine wesentliche Rolle. Hierbei sind zudem die Rahmenbedingungen der Kommunikation zu beachten, wobei der Faktor Kultur den größten Einfluss ausübt.[50] „Regeln, Werte, Normen, Traditionen, Bräuche und Tabus geben vor, welche Worte und welches Verhalten gewählt werden."[51]

2.3.4.1 Nonverbale Kommunikation

Mimik, Gestik, Körperhaltung, Blickkontakt, körperliche Zuwendung, Proxemik, aber auch Kleidung und Körperschmuck werden der nonverbalen Ebene der Kommunikation zugerechnet. Im Allgemeinen geht man in der Literatur davon aus, dass Körpersprache zwischen 60 bis 80 Prozent[52] des kommunikativen Vorgangs ausmacht. Für den Sender ist das Nonverbale im Vergleich zur verbalen Kommunikation teilweise schwerer zu steuern und bringt nicht zuletzt das innere Befinden zum Ausdruck. Das beste Beispiel sind einfache körperliche Reaktionen auf bestimmte Ereignisse wie Schwitzen, Zittern, Erbleichen oder Erröten. Der Mensch ist gemäß Argyle durch nonverbale Kommunikation in der Lage, verbale Kommunikation zu unterstützen, sie zu ersetzen, Emotionen und interpersonale Einstellungen auszudrücken, etwas über seine Person mitzuteilen und somit soziale Handlungen zu vollziehen.[53] Jedoch kann sie auch überaus unstimmig und befremdlich wirken und Fehlinterpretationen bzw. Irritationen hervorrufen, was umso mehr für die interkulturelle Verständigung gilt, da nonverbale Kommunikation hochgradig kulturabhängig ist.

Im Rahmen interkultureller Erstbegegnungen nimmt der Mensch umgehend das äußere Erscheinungsbild des anderen durch äußere Merkmale wie Hautfarbe, Augen, Körperbau, Haare und Bekleidung wahr, welche diesen als fremd erscheinen lassen und gleichzeitig zu einer ersten Einschätzung hinsichtlich Identität und Wesen führen.[54] Bereits die erste Wahrnehmung des Äußeren prägt somit die weitere Kommunikation bzw. Annäherung.

---

[49] Der verbalen Ebene lassen sich gemäß Broszinsky-Schwabe 2011, S. 22 auch paraverbale Signale, wie Lautstärke, Lachen, Sprechgeschwindigkeit, Tonhöhe etc. zuordnen.

[50] Vgl. Broszinsky-Schwabe 2011, S. 24; Samovar et al. 2010, S. 18. Als weitere kontextuelle Bedingungen stellen Samovar et al. Zeit, Anlass, Anzahl der beteiligten Personen und Umwelt heraus, wobei mit Letzterer im Grunde der Ort der Interaktion gemeint ist.

[51] Broszinsky-Schwabe 2011, S. 24.

[52] Die Angaben variieren.

[53] Vgl. Argyle 1992, S. 58 f.

[54] Vgl. Broszinsky-Schwabe 2011, S. 121 f.

Ähnliches gilt auch für Körperhaltung und Bewegung. Eine Reihe von Körperhaltungen und Bewegungen sind universell wie Stehen, Sitzen und Laufen. Kulturell verschieden sind jedoch die bevorzugte Haltung oder Bewegungsform und diesbezüglich zugrunde liegende kulturelle Regelungen. In der islamischen Kultur ist es bspw. unhöflich, beim Gehen zu reden. Die Regeln sind so vielfältig, dass es nicht möglich ist, sie alle zu kennen. Universell gültig ist jedoch, dem anderen mit dem eigenen Verhalten Respekt entgegenzubringen.[55]

Die Mimik ist ein weiteres Element der nonverbalen Kommunikation. Sie vermittelt persönliche Eigenschaften, sendet Signale in Kommunikationssituationen und drückt Gefühle aus, wobei grundlegende Gesichtsausdrücke für Freude, Überraschung, Angst, Trauer, Abscheu, Wut und Interesse universell sind.[56] Kulturelle Unterschiede gibt es jedoch hinsichtlich der Art und Weise, wie offen sie gezeigt und in welchen Situationen sie verwendet werden.[57] Auch Lachen, Lächeln und Grinsen kann deshalb zu Fehlinterpretationen in interkulturellen Begegnungen führen, wenngleich ein echtes Lächeln bei Begrüßungen universell als Zeichen von Friedfertigkeit gilt.[58] Daher ist es bei erstmaligen Kontakten nicht zu unterschätzen.

Bei zwischenmenschlichen Kontakten spielt auch der Blickkontakt eine wesentliche Rolle. Die Art und Weise des Blickkontakts ist hierbei kulturell determiniert. In Deutschland ist Blickkontakt bspw. erwünscht und ein Wegsehen gilt als unhöflich. Araber pflegen einen noch stärkeren Blickkontakt als Europäer und Amerikaner, andere Kulturen vermeiden ihn wie z.B. die Japaner.[59] In interkulturellen Begegnungen ist Blickverhalten ein äußerst sensibles Gebiet, das schnell zu Auseinandersetzungen führen kann, u.a. in jenen Kulturen, in denen an den sogenannten „bösen Blick" geglaubt wird, der Unheil heraufbeschwört.[60] Ähnlich verhält es sich auch mit zwischengeschlechtlichen Blickkontakten, bspw. mit Personen aus dem arabischen Raum.[61] Eine entsprechende Sensibilität sollte daher an den Tag gelegt werden.

Wenn in interkulturellen Begegnungen davon gesprochen wird, man habe sich mit „Händen und Füßen" verständigt, so ist damit die nonverbale Kommunikation durch Gesten gemeint. Dabei handelt es sich um Körperbewegungen insbesondere von Händen, Armen und dem Kopf, obwohl

---

[55] Vgl. ebenda, S. 123 f.
[56] Vgl. Argyle 1992, S. 202 ff.
[57] Vgl. ebenda, S. 77 ff.
[58] Vgl. Broszinsky-Schwabe 129 f.
[59] Vgl. Argyle 1992, S. 233.
[60] Vgl. Broszinsky-Schwabe 2011, S. 128. Verbreitet ist dieser Glaube bspw. in Italien, Griechenland, Spanien, der Türkei, aber auch im Iran. In diesem Zusammenhang ist zu erwähnen, dass auch in intrakulturellen Situationen das Blickverhalten, wie z.B. durch Anstarren, schnell provokativ wirken kann.
[61] Vgl. Erll, Gymnich 2007, S. 115.

oftmals auch noch andere Körperpartien beteiligt sind. Da Gesten eine Darstellungs-, Appell- und Ausdrucksfunktion besitzen, sind sie bis zu einem gewissen Maße mit verbalen Äußerungen vergleichbar.[62] Gestik kann in diesem Sinne als eine Art eigene Sprache bezeichnet werden. Nach Argyle dienen Gesten der Veranschaulichung und als konventionelle Zeichen, drücken Emotionen aus und bringen die Persönlichkeit des Senders zum Ausdruck.[63] Eine der bedeutsamsten Klassifikationen von Gesten ist laut Müller jene von Efron, da sie weitere Klassifikationen beeinflusste.[64] Gesten, die in einem engen Verhältnis zu verbalen Äußerungen stehen, nennt Efron diskursive Gesten und jene, die auch ohne solche deutbar sind, gegenstandsbezogene Gesten. Der ersten Gruppe ordnet er Taktstockgesten und ideographische Gesten zu. Sie begleiten das gesprochene Wort und weisen auf Gedankengänge hin. Der zweiten Gruppe gehören deiktische, beschreibende und emblematische Gesten an. Deiktische Gesten kann man auch als Zeigegesten bezeichnen. Beschreibende Gesten bilden Objekte sowie Bewegungen nach. Je nach Darstellungsgehalt nennt Efron sie bildliche Gesten bzw. Bewegungsgesten. Embleme als letzte Kategorie sind Zeichen, deren Bedeutung fest vorgegeben ist.[65]

Zur Verständigung in interkulturellen Kontexten sind insbesondere beschreibende und Zeigegesten relevant. Unabhängig von Sprache und Kultur können Gesten dieser Art gemäß Kendon Verständigung ermöglichen, wobei jedoch auch sie nicht frei von Missverständnissen sind, wie Apeltauer betont.[66] Als Zeichen sind sie semantisch nicht eindeutig. U.a. spielt der Kontext eine Rolle, in dem sie angewandt werden. Sie können jedoch helfen etwas auszudrücken, das nicht oder nur schwer verbal umzusetzen ist. Auch Embleme können in interkulturellen Begegnungssituationen eine Rolle spielen. Sie werden bewusst gebraucht und haben eine ganz konkrete Bedeutung, die den Mitgliedern einer Kultur bekannt ist. Sie sind daher im Sinne Argyles konventionelle Zeichen.[67] Embleme existieren in allen Kulturen. Missverständnisse oder gar Konflikte können im interkulturellen Kontakt dann auftreten, wenn einer der Kommunikationspartner eine Geste macht, die in der Kultur des anderen eine unterschiedliche oder auch beleidigende Bedeutung hat. Ein gutes Beispiel hierfür ist das obligatorische „Alles-OK"-Zeichen der Taucher mit einem zum O geformten Daumen und Zeigefinger, welches in manchen Kulturen als vulgäre Beleidigung gilt. Dahingehend weniger problematisch ist es, mit dem Zeigefinger auf andere Personen zu zeigen oder den Zeigefinger zur Aufforderung des Schweigens

---

[62] Vgl. Müller 1998, S. 87.
[63] Vgl. Argyle 1992, S. 239 f.
[64] Vgl. Müller 1998, S. 91 f.
[65] Vgl. Efron 1972; zitiert nach Müller 1998, S. 92 f.
[66] Vgl. Kendon 1984, S. 105; Apeltauer 1997, S. 32 ff.
[67] Vgl. Argyle 1992, S. 244.

auf die Lippen zu legen.[68] Zu Missverständnissen und Verwirrungen können hingegen auch Ja-Nein-Codes führen. In Anlehnung an Collett stellt Broszinsky-Schwabe heraus, dass der auch in Deutschland geltende Nick-Schüttel-Code am weitesten verbreitet ist, wohingegen bspw. in Bulgarien, Indien und Pakistan der Roll-Werf-Code gilt und in Griechenland, der Türkei und Süditalien ein Senk-Wurf-Code verwendet wird.[69] Im Gegensatz zum Nick-Schüttel-Code bedeutet ein leicht zu verwechselndes Kopfwackeln beim Roll-Werf Code „ja." Beim Senk-Wurf-Code hingegen steht eine Fallbewegung des Kopfes für „ja" und die entgegengesetzte Bewegung in den Nacken für „nein." Für polizeiliche Kontexte kann auch das Heran- oder Zuwinken interessant sein. Die sogenannte Fächergeste, die in Nord-, Zentral- und Osteuropa zum Heranwinken benutzt wird, stellt bspw. in Südeuropa eine Abschiedsgeste dar, wohingegen in den Mittelmeerländern die sogenannte Paddelgeste mit nach unten gerichteter Handfläche die Funktion des Heranwinkens erfüllt.[70] Letztere könnte wiederum von einem Deutschen als Aufforderung verstanden werden, zu gehen. Ein Katalog ausgewählter konfliktträchtiger bzw. missverständlicher Gesten befindet sich im Anhang mit entsprechenden Erläuterungen.[71] Zusammenfassend ist herauszustellen, dass Gestik hochgradig kulturell determiniert ist und auch hinsichtlich ihres Einsatzes und Variantenreichtums große kulturelle Unterschiede bestehen.

Die Stellung und Distanz von Personen zueinander ist ein weiterer wichtiger Aspekt im Rahmen der nonverbalen Kommunikation da eine Missachtung geltender Verhaltensnormen bei interkulturellen Begegnungen den Kommunikationsprozess mitunter stören kann. Es geht vordringlich um die Wahrnehmung des persönlichen Raumes. Für Deutsche, Holländer, Briten und Skandinavier gilt ein Wohlfühlabstand von mindestens einer Armeslänge zum Kommunikationspartner, für Osteuropäer kann dieser Abstand bereits geringer sein und Italiener, Spanier, Franzosen, Griechen, Türken und Araber bevorzugen eine noch stärkere Nähe zum Gegenüber.[72] Für polizeiliche Kontexte ist dieser Aspekt insbesondere auch aus Perspektive der Eigensicherung sehr relevant. Ähnlich verhält es sich mit körperlichen Berührungen, wobei Faktoren wie Geschlecht, Umwelt, Form der Berührung oder körperliche Tabuzonen eine Rolle spielen.[73]

---

[68] Vgl. Broszinsky-Schwabe 2011, S. 132.
[69] Vgl. Collett 1996; zitiert nach Broszinsky-Schwabe 2011, S. 134.
[70] Vgl. Broszinsky-Schwabe 2011, S. 135.
[71] Vgl. Anhang 3.4, S. 115. (jetzt zu finden im ausgegliederten Gestenkatalog)
[72] Vgl. Collett 1996; zitiert nach Broszinsky-Schwabe 2011, S. 142.
[73] Vgl. Erll, Gymnich 2007, S. 117.

2.3.4.2 Verbale Kommunikation

Sprache und Kultur stehen in einem sehr engen Verhältnis zueinander. Broszinsky-Schwabe macht dies folgendermaßen deutlich:

„Keine menschliche Gemeinschaft kann ohne Sprache existieren. Sie ist Grundlage des Denkens, der Verständigung und Selbstreflexion. Die Sprache einer Kultur wird erlernt. Sie reflektiert zugleich Kultur. Durch Sprache wird Identität ausgedrückt. Sprache bewahrt die Geschichte einer Gemeinschaft."[74]

Charakteristikum der Sprache ist ihre Künstlichkeit. Verbale Kommunikation beruht hierbei auf festgelegten Zeichen, die eine Bedeutung haben und sich auf Objekte beziehen, wobei ohne Kenntnis der Sprache die Zeichen nicht zugeordnet werden können.[75] Störungen auf Basis der verbalen Kommunikation können dabei alle sprachlichen Dimensionen betreffen, wie folgende Übersicht auf Grundlage der Ausführungen von Broszinsky-Schwabe illustriert:[76]

- Ein Begriff kann nicht wörtlich in eine andere Sprache übersetzt werden.[77]
- Worte werden falsch ausgesprochen.
- Einzelne Worte haben in der gleichen Sprache unterschiedliche Bedeutungen, sodass eine Zuordnung schwer fällt.[78]
- Falsche Wortwahl und Übersetzungsfehler führen zu Fehlinterpretationen
- Es besteht Unkenntnis mancher Worte einer Sprache für Mitglieder anderer Sprachgemeinschaften[79]
- Es werden Redewendungen verwendet, die vom Kommunikationspartner nicht verstanden werden.[80]
- Die Rolle, Bedeutung und Anwendung der Intonation ist nicht bekannt.
- Es werden Floskeln verwendet, deren Bedeutung nicht bekannt ist.[81]
- Gleiche Begriffe können in einer anderen Kultur in einem anderen sozialen Zusammenhang stehen.[82]
- Dialekte oder Soziolekte führen dazu, dass Worte falsch oder nicht verstanden werden.

---

[74] Broszinsky-Schwabe 2011, S. 99 f.
[75] Vgl. ebenda, S. 101.
[76] Vgl. ebenda, S. 106ff.
[77] z. B. „Fortsetzungsfeststellungsklage"
[78] z. B. „Hering" im Deutschen als Fisch und als Zeltbefestigung.
[79] z. B. das Wort „Handy", das auch von einem Engländer nicht verstanden wird.
[80] z. B. „Erzähl mir nichts vom Pferd."
[81] z. B. das Englische „How do you do?" auf das keine langen Ausführungen folgen sollten.
[82] z. B. ist ein „friend" in Deutschland ein Freund, in den USA lediglich ein Bekannter.

- Die kulturspezifische Verwendung von „Ja" und „Nein" ist nicht bekannt.[83]
- Sprachliche Vergleiche werden nicht verstanden.[84]
- Manche Kulturen stellen das Ziel, andere nicht verletzten zu wollen, der Wahrheit gegenüber in den Vordergrund.[85]

Bei der verbalen Kommunikation geht es nicht nur darum, was gesagt wird, sondern auch wie etwas gesagt wird. Dies betrifft jedoch nicht allein paraverbale Signale. Asiaten bemühen sich bspw. häufig um die Schaffung einer harmonischen Beziehung, Araber untermauern ihre Worte mit Wiederholungen, Zitaten und Redewendungen und Afrikaner nutzen oft Metaphern.[86] Ohne an dieser Stelle auf Stereotype abstellen zu wollen, verdeutlichen solche Beispiele jedoch die Kulturabhängigkeit der verbalen Kommunikation.

Unsicherheiten und Missverständnisse treten oftmals in bestimmten Zusammenhängen auf. Diese Problemstellen bezeichnet Heringer als Hotspots und äußert hierzu: „Wer Hotspots kennt, wird besser kommunizieren. Wer weiß, wo welche liegen könnten, kann sich vorbereiten."[87] In Bezug auf polizeiliche Kontexte ist diese Aussage differenziert zu betrachten, da zur Erfüllung polizeilicher Aufgaben zuweilen auch Dinge angesprochen werden müssen, die in einem Alltags- oder Geschäftsgespräch niemals Eingang finden würden. Dennoch liefert sie den nicht unerheblichen Hinweis für Polizeibeamte, bei Hotspots sensibel vorzugehen und sich bereits im Vorfeld angemessen darauf vorzubereiten. In Anlehnung an Heringer können speziell bei polizeilichen interkulturellen Begegnungen das Begrüßen und Anreden, Höflichkeit, Kritik, Überredungsversuche, Entschuldigungen, Tabus und bestimmte Themen wie Geld, Alkohol, Privatleben und Erziehung Hotspots darstellen.[88]

In diesem Zusammenhang gilt auch der Sprecherwechsel als wichtige kulturgebundene Norm innerhalb der verbalen Kommunikation und bestimmt, wer wann das Wort ergreifen darf. Für Deutsche wirkt es daher befremdlich, wenn bspw. Südeuropäer oder Araber simultan reden oder auch anderen hineinreden.[89] Selbiges gilt für die Anhebung der Lautstärke von Personen aus arabischen oder afrikanischen Kulturen, um eigenen Redebeitrag

---

[83] z. B. würde eine direkte Verneinung in Asien als ungehörig empfunden werden, umgekehrt bedeutet das Japanische „hai" für ja lediglich nur „Ich habe verstanden."
[84] z. B. der Vergleich „Weiß wie Schnee" gegenüber Tropenbewohnern.
[85] z. B. würde eine japanische Familie aufgrund des Gebotes der Gastfreundschaft dem Gast selbst bei anderer Meinung oft zustimmen.
[86] Vgl. Broszinsky-Schwabe 2011, S. 110.
[87] Heringer 2012, S. 41.
[88] Vgl. ebenda.
[89] Vgl. Broszinsky-Schwabe 2011, S. 112.

einzufordern.[90] Dies kann für einen deutschen Polizeibeamten äußerst befremdlich, wenn nicht sogar respektlos und provokant wirken.

Im Rahmen interkultureller Situationen kann des Weiteren das kulturgebundene Verhältnis von Reden und Schweigen die Kommunikation beeinflussen. Für Deutsche, Amerikaner, Südeuropäer und Araber sind bspw. längere Pausen unangenehm, da sie eine Unterbrechung der Kommunikation anzeigen. In anderen Kulturen, wie z.b. den Asiatischen, ist auch Schweigen eine Antwort und steht gleichberechtigt neben dem Reden.[91] Ebenso kann der angeeignete Kommunikationsstil zu Störungen führen, da er wesentlich das Höflichkeitsempfinden beeinflusst.[92] Beim direkten Kommunikationsstil wird das Wesentliche unmittelbar angesprochen, beim Indirekten eher umschrieben, häufig aus Rücksicht auf den anderen. Amerikaner und Deutsche gelten als sehr direkt, wohingegen Asiaten oder auch Engländer für einen indirekten Kommunikationsstil bekannt sind.[93] Polizeilich relevant kann ebenso der Umstand sein, dass sich Kulturen hinsichtlich argumentativer Vorgehensweisen unterscheiden. So wenden bspw. Mitglieder kollektivistischer Kulturen Überzeugungsstrategien an, die im Gegensatz zu individualistischen Kulturen nicht auf den Einzelnen, sondern gemeinschaftsbezogene Aspekte abzielen.[94]

Angesichts dieser vielen Faktoren ist Polizeibeamten zu raten, sich diese Umstände bei interkulturellen Begegnungen stets vor Augen führen, um einerseits leichter mit ihnen umzugehen und andererseits die eigene Kommunikation zu reflektieren.

2.3.4.3 Lingua-franca-Kommunikation und die Rolle des Englischen

Dieser Unterabschnitt erweitert die Ausführungen zur verbalen Kommunikation, indem er sich dem speziellen Aspekt der Lingua-franca-Kommunikation widmet.

Eine lingua franca kann als gemeinsame Fremdsprache zweier Personen mit unterschiedlicher Muttersprache bezeichnet werden, die dazu dient, Kommunikation zwischen den Personen zu ermöglichen.[95] Sehr weit definiert lassen sich aber auch interkulturelle Situationen einbeziehen, bei denen für einen der Sprecher die Verkehrssprache als Muttersprache gilt.[96] Entsprechend der Darstellungen des vorherigen Unterabschnitts wurde deutlich, dass Sprach- bzw. Fremdsprachenkenntnisse nicht der alleinige Faktor für eine gelingende Kommunikation sind und der kulturelle Hinter-

---

[90] Vgl. Doser 2015, S. 37.
[91] Vgl. Broszinsky-Schwabe 2011, S. 111.
[92] Vgl. Erll, Gymnich 2007, S. 87.
[93] Vgl. Broszinsky-Schwabe 2011, S. 112 f.
[94] Vgl. ebenda, S. 115. Die Autorin nimmt hierbei Bezug auf Studien von Gudykunst.
[95] Vgl. Gnutzmann 2004, S. 256.
[96] Vgl. ebenda, S. 257; Hülmbauer et al. 2008, S. 27.

grund eine gewisse Rolle spielt. Dennoch ist nicht zu bestreiten, dass eine gemeinsame Sprache zwischen interagierenden Personen im Sinne der Verständigung optimal ist. Kommunizieren die Gesprächspartner als Nichtmuttersprachler mit Hilfe einer gemeinsamen Fremdsprache, erfordert dies eine entsprechend hohe Kooperationsbereitschaft der Partner. In der Interaktion werden dabei meist die eigenen, kulturspezifischen Diskursstrategien und Konventionen beibehalten, was noch einmal verdeutlicht, dass eine kulturneutrale Kommunikation nicht möglich ist.[97] Vereinfacht ausgedrückt spricht dann bspw. ein Deutscher die Fremdsprache nach deutschen Regeln und Mustern.

Fremdsprachliche Defizite stellen hierbei ein wesentliches Problem dar. Philipp benennt die Gefahr, dass sich eine Übereinkunft zwischen den Kommunikationspartnern nicht einstellt und sie auf das reduziert werden, was sie äußern oder zu äußern im Stande sind.[98] Kumbrock und Derboven heben zudem hervor, dass fehlende sprachliche Differenzierungsmöglichkeiten einen zu großen Bedeutungs- und Interpretationsspielraum eröffnen und andererseits das abträgliche Phänomen der Stereotypisierung hinzutreten kann.[99] Ein weiterer wichtiger Aspekt ist gemäß Auernheimer, dass Defizite in einer Verkehrssprache ein entsprechendes Machtgefälle hervorrufen können.[100] Diese Punkte erscheinen auch im Rahmen der polizeilichen Kommunikation mit nichtdeutschsprachigen Ausländern relevant und setzen jene Beamte in Vorteil, die eine oder mehrere Fremdsprachen angemessen beherrschen.

Im Rahmen der Kommunikation zwischen Personen unterschiedlicher Muttersprachen nimmt die englische Sprache eine herausragende Rolle ein. House führt dies auf ihre funktionale Flexibilität, Verbreitung und bereits vorliegende Entkoppelung von ihren Ursprüngen zurück.[101] Englisch wird heutzutage hauptsächlich zwischen Nichtmuttersprachlern verwendet, welche die Sprache gemäß Seidlhofer mitprägen.[102] Mit 375 Millionen Muttersprachlern und 1,5 Milliarden Sprecher insgesamt ist es die führende Weltsprache.[103] Somit stellt Englisch ein zweckmäßiges Instrument im Rahmen interkultureller Kommunikation dar.

Das sprachliche Niveau ist jedoch weltweit im Durchschnitt äußerst unterschiedlich, wie Testergebnisse, bspw. des IELTS- oder TOEIC-Tests zei-

---

[97] Vgl. Camerer 2007, S. 8 f.; Knapp 2010, S. 86 f.
[98] Vgl. Philipp 2002, S. 97.
[99] Vgl. Kumbrock, Derboven, 2016. S. 47.
[100] Vgl. Auernheimer 2010, S. 48.
[101] Vgl. House 2001.
[102] Vgl. Seidlhofer 2005.
[103] Vgl. Broszinsky-Schwabe 2011, S. 101. Es folgt Chinesisch mit 1,1 Milliarden und Hindi mit 650 Millionen.

gen.[104] Polizeibeamte sollten dies daher beachten, wenn sie mit Hilfe der englischen Sprache mit einem Nichtdeutschsprachigen kommunizieren wollen. Optimalerweise begegnen sich die Interaktionspartner auf einer Ebene, was Anpassung von Seiten des fremdsprachlich kompetenteren Parts erfordert.

Auch für die englische Sprache als Verkehrssprache ist gemäß Hübler herauszustellen, dass ein Transfer der sprachlichen und kulturellen Eigenheiten der Muttersprache des Sprechers alle Sprachebenen und -aspekte im Englischen beeinflusst.[105] Sofern keine Sprachnormen verletzt werden, gelten Abweichungen für ihn als akzeptable Sprachvarianten.[106] Im interkulturellen Austausch ist die Anwendung des Englischen als Verkehrssprache insgesamt stärker auf Funktionalität als auf die Einhaltung formaler Regeln ausgerichtet.[107]

Englisch als lingua franca steht aufgrund seiner zunehmenden Bedeutung im akademischen Fokus und wird hierbei in der fachlichen Auseinandersetzung mit „ELF" abgekürzt. Untersuchungen ergaben zum Beispiel, dass der Gebrauch nichtstandardsprachlicher grammatikalischer Formen nur selten die Kommunikation beeinträchtigt und die meisten Brüche auf lexikalische oder lautliche Ursachen zurückzuführen sind.[108] Um Verständlichkeit zwischen Nichtmuttersprachlern zu erzeugen, ist es daher erforderlich, dass einige Kernelemente des Englischen lautsprachlich korrekt umgesetzt werden, weshalb in diesem Zusammenhang vom „lingua franca core" gesprochen wird. Unter Bezugnahme auf die Forschung von Jenkins, welche die Kernelemente identifizierte, werden im Folgenden wesentliche Punkte zusammengefasst:[109]

---

[104] Vgl. Educational Testing Service 2016, S. 5; IELTS 2015. Eine kosten- und zugangsfreie Alternative zu diesen bekannten Tests bietet die Organisation EF Education First durch einen Onlinetest und erstellt jährlich auf Grundlage ihrer Testergebnisse ein weltweites Ranking hinsichtlich des Englisch-Niveaus. Gemäß Education First 2016 ist das sprachliche Niveau in Europa weltweit am besten, wobei insbesondere die skandinavischen Länder hervorstechen. Länder im Nahen Osten und Nordafrika bewegen sich hingegen auf den niedrigsten Kompetenzstufen. Der Test repräsentiert dabei nicht das Kompetenzniveau der Durchschnittsbevölkerung, da er interessierte Fremdsprachenlerner im Erwachsenenalter anspricht und einen Internetzugang voraussetzt. Damit ein Land in die Statistik aufgenommen wird, müssen mindestens 400 Personen den Test durchgeführt haben.
[105] Vgl. Hübler 1985, S. 187.
[106] Vgl. ebenda, S. 178.
[107] Vgl. Hülmbauer et al. 2008, S. 27.
[108] Vgl. Grzega 2006, S. 1.
[109] Vgl. Jenkins 2000, S. 159.

- Der Vokallaut ɜ:[110] und alle Konsonantenlaute, mit Ausnahme des θ, ð sowie ł[111] müssen korrekt umgesetzt bzw. dürfen nicht durch ähnliche Laute ersetzt werden.
- Nach den Verschlusslauten p, t und k ist zu aspirieren.
- Die Konsonantenhäufung ist im Wesentlichen der standardsprachlichen Norm zugrundezulegen und darf insbesondere am Anfang eines Wortes nicht simplifiziert werden.
- Der Einfluss von stimmhaften und stimmlosen Konsonanten auf die Länge des vorgeschalteten Vokals ist zu beachten.
- Der Kontrast zwischen langen und kurzen Vokallauten ist zu bewahren.
- Eine adäquate Betonung innerhalb von Wortgruppen ist umzusetzen.

Unabhängig davon zeigen Untersuchungen von Seidlhofer, dass die im Folgenden zusammengefassten typischen grammatikalischen Fehler bzw. sprachlichen Phänomene regelmäßig in ELF-Situationen auftreten, ohne die Verständlichkeit wesentlich zu beeinträchtigen:[112]

- Das Nichtanfügen des „s" in der dritten Person Singular.
- Die synonyme Verwendung der Relativpronomen „who" und „which."[113]
- Das fehlerhafte Setzen bzw. Nichtsetzen bestimmter und unbestimmter Artikel.[114]
- Die nicht-korrekte Umsetzung von Bestätigungsfragen.[115]
- Die Nutzung von Verben mit vornehmlich allgemeiner Bedeutung.[116]
- Überexplizite Äußerungen und Darstellungen.[117]
- Die Anwendung von „this" sowohl für Singular als auch Plural.[118]
- Die Bildung nichtstandardenglischer Pluralformen.[119]

Cogo und Dewey ergänzen einen weiteren Punkt:

- Die vorwiegende Nutzung von Infinitivformen gegenüber Gerundien.[120]

Aus den Ergebnissen wird ersichtlich, dass Abweichungen vom Standardenglisch den Normalfall darstellen, weshalb kein Gesprächspartner befürchten sollte, dass oben genannte Defizite die Kommunikation allzu ne-

---

[110] Wie in „fair" oder „girl."
[111] Wie in „think", „this" und „bottle."
[112] Vgl. Seidlhofer 2005.
[113] Die korrekte Unterscheidung bezieht sich auf Personen und Sachen.
[114] Z.B. „He is a very good person, isn´t he?" oder „They have a respect for all, have they?"
[115] Z.B. „....,isn't it?" oder „....,no?" anstatt bspw. „....,shouldn't they?"
[116] Z.B. „do", „have", „make", „put", „take."
[117] Z.B. „black color" statt einfach „black."
[118] Z.B. „this country", „this countries."
[119] Z.B. „informations" „knowledges", „evidences", „advices."
[120] Vgl. Cogo, Dewey 2006, S. 75. Z.B. statt „interested in doing" „interested to do."

gativ beeinflussen. Das Vorhandensein eines Grundvokabulars ist jedoch gemäß Grzega Grundbedingung für eine gelingende Kommunikation. Bestimmte Strategien, wie das Hinzufügen von Prä- und Suffixen, die Verwendung weitläufig bekannter Begriffe sowie die Verwendung von Wörtern in anderen Wortklassen kann im Englischen helfen, den Wortschatz zu erweitern, wobei Vorsicht bei „false friends" und Metaphern geboten ist.[121] Deutschen Sprechern kommt hierbei zugute, dass Englisch und Deutsch aus einer Sprachfamilie stammen. Grzega empfiehlt im Rahmen der ELF-Kommunikation unter Zugrundlegung allgemeiner Höflichkeits- und Gesprächsstrategien zudem die Verwendung positiver Wörter[122], neutraler Anreden[123] sowie neutraler Grußworte[124] und hebt die Bedeutung des Entschuldigens, Bittens, Dankens sowie das offene Bemühen um Verständnis hervor.[125]

2.3.5 Umgang mit Kommunikationsstörungen

Für den Umgang mit Kommunikationsstörungen in interkulturellen Überschneidungssituationen existiert kein Patentrezept, sodass der Erfolg der gewählten Strategie nicht vorherbestimmt werden kann. Gemäß Philipp belaufen sich die Optionen zum Umgang mit Störungen auf Reparatur, Reparaturverzicht, Sprachanpassung und Rückzug und werden im Folgenden dargestellt.[126]

Reparaturen bedingen einer aktiven Auseinandersetzung mit Störungen und dienen der Aufrechterhaltung bzw. Wiederherstellung der Kommunikation, wenngleich sie die Gefahr von Schuldzuweisungen bergen und daher ein sensibles Vorgehen erfordern. Im Mittelpunkt steht Metakommunikation, wobei Thematisieren, Nachfragen und Erklären probate Mittel darstellen. Metakommunikation kann zur Schaffung einer gemeinsamen kommunikativen Grundlage beitragen, Verständigungsprobleme lösen und somit für den kommunikativen Erfolg wesentlich sein, aber auch Irritationen und ge-

---

[121] Vgl. Grzega 2006, S. 9. „False friends" sind Worte, die in der Übersetzung leicht verwechselt werden können, z.B. die Übersetzung von „Personalien" mit „personalities", was korrekt übersetzt „Persönlichkeiten" bedeutet.

[122] Statt „good-bad" die Verwendung von „good-not so good" oder statt „forbidden" „not allowed"

[123] Z.B. „Sir", „Madam", „Ma´am."

[124] Z.B. „Hello" oder „Good-bye."

[125] Vgl. Grzega 2008, S. 141 f. Der Autor führt hierbei auch folgendes Beispiel an, das geeignet ist, die Verständlichkeit des Gesagten zu hinterfragen: „I am not sure if my explanation was good enough. Could you tell me in your words what you think I wanted to say?" Anstatt konkrete Anweisungen zu geben, empfiehlt er außerdem, den Konjunktiv zu verwenden, z.B. „Could you..., please?". Für polizeiliche Situationen ist Letzteres jedoch kritisch zu betrachten, da der Konjunktiv einen geringeren Anspruch auf Verbindlichkeit vermitteln könnte.

[126] Vgl. Philipp 2002, S. 103.

sichtsbedrohende Situationen auslösen und somit das Gegenteil bewirken.[127]

Reparaturverzicht stellt die gegenteilige Strategie dar. Abwarten, Ignorieren, Vortäuschen von Verstehen, Humor und das Erraten des Sinns zielen auf Reibungslosigkeit ab, bergen jedoch auch die Gefahr einer Verschärfung der Kommunikationsstörung.[128]

Sprachanpassung als dritte Möglichkeit beinhaltet alle Mittel zur Herstellung und Bewahrung sprachlicher Verständigung. Die folgenden, als besonders wichtig erachteten Strategien wurden unter Bezugnahme auf Hinnenkamp, dem Ratgeber „Leichte Sprache" des Bundesministeriums für Arbeit und Soziales und dem Flyer für den Kontakt mit Flüchtlingen und Migranten der Landespolizeidirektion Thüringen zusammengestellt.[129] Hierbei ist insbesondere zu empfehlen kurze, einfache, transparente und vollständige Satzstrukturen zu bilden sowie einfache Wörter zu verwenden. Die Benutzung von Verben und aktiver Wörter sowie die Vermeidung des Genitivs und Konjunktivs sind weitere wichtige Elemente einer leicht verständlichen Sprache. Ebenso notwendig ist eine langsame, laute und deutliche Aussprache der Worte mit angemessenen Pausen und zweckmäßiger Betonungsstruktur, um die Kommunikation zu fördern. Doch nicht zuletzt stellen auch das Wiederholen und Umschreiben wichtige Elemente der Sprachanpassung dar.

Rückzug als letzte Option des Umgangs mit Kommunikationsstörungen stellt ein Flucht-Vermeidungsverhalten dar und kann u.a. dazu dienen, den empfundenen Kontrollverlust zu reduzieren. Die Beseitigung der Störung ist dadurch nicht möglich. Man unterscheidet zwischen passivem Rückzug durch Distanzieren, resignativer Hinnahme und Vermeidung einer Auseinandersetzung, aktiver Ablehnung durch schnelleres Abfertigen, Widerstand, konfrontatives Verhalten oder gar feindlicher Reaktionen sowie den Abbruch der Beziehung durch Beenden der Kommunikation.[130]

Alle Möglichkeiten des Umgangs mit Kommunikationsstörungen können durchaus auch im Rahmen der Polizeiarbeit im Rahmen interkultureller Interaktionssituationen eine Rolle spielen, wobei Rückzug jedoch äußerst kritisch zu werten ist. Bei der Kommunikation mit ausländischen Personen ist insbesondere die linguistische Anpassung als ein wesentlicher Faktor zur Vorbeugung und Behebung von Kommunikationsstörungen in Betracht zu ziehen.

---

[127] Vgl. ebenda, S. 105 ff. Gemäß Landespolizeidirektion Thüringen 2015, S. 2 wird Polizisten empfohlen, Irritationen umgehend anzusprechen und somit die Option der Reparatur zu wählen.

[128] Vgl. ebenda, S. 108 f.

[129] Vgl. Hinnenkamp 1989, S. 63 f.; Bundesministerium für Arbeit und Soziales 2014; Landespolizeidirektion Thüringen 2015, S. 1.

[130] Vgl. Philipp 2002, S. 113.

2.3.6 Die Besonderheiten polizeilicher Kommunikation

Kommunikation ist ein wesentlicher Bestandteil polizeilicher Arbeit und setzt daher entsprechend hohe kommunikative Fähigkeiten bei den Beamten voraus. Zudem bildet sie das Fundament für eine gelingende Eigensicherung. Denn gerade im polizeilichen Kontext gilt: „Überall dort, wo Kommunikation versagt, beginnt Gewalt."[131] Unabhängig davon, ob Kontakte in intra- oder interkulturellen Kontexten stattfindet, stellt polizeiliche Kommunikation einen Spezialfall dar. Selbst in intrakulturellen Situationen ruft sie beim Bürger oftmals Unsicherheiten hinsichtlich der Art und Weise der Kommunikation und interaktionsbezogener Normalitätserwartungen hervor.[132]

Polizeiliche bzw. behördliche Kommunikation ist durch bestimmte Aspekte geprägt, auf die im Folgenden unter Bezugnahme auf Seifert und Frank eingegangen wird. Sie ist gekennzeichnet durch die Merkmale Unfreiwilligkeit, Präskriptivität, Polarität der Grundorientierung und Asymmetrie. Die Unfreiwilligkeit ergibt sich dadurch, dass sich weder der Polizeibeamte aufgrund gesetzlicher Regelungen noch das Gegenüber der Kommunikation entziehen kann. Versucht ein Bürger sie zu vermeiden, wirkt sich dies meist negativ auf seine Situation aus. Präskriptivität äußert sich darin, dass polizeiliches Handeln durch routinisierte Abläufe geprägt ist, sodass kulturelle Faktoren kaum berücksichtigt werden. Die Polarität der Grundorientierung führt dazu, dass die Polizei im Sinne der Neutralität eine unpersönliche Sachbearbeitung vornimmt und kaum persönliche Belange berücksichtigt. Das Merkmal der Asymmetrie ergibt sich aus dem vorgegebenen Machtungleichgewicht zwischen Polizei und Bürger und schränkt dessen Handlungsoptionen selbst bei rechtswidrigem Handeln der Beamten stark ein.[133]

Hinzu treten oftmals typische Gesprächsstörer. Im allgemeinen liegen diese nach Rosner im Befehlen, Überreden, Drohen, Vorwürfe machen, Bewerten, Ausfragen, Anbieten vorschneller Lösungen, Herunterspielen, Lebensweisheiten zum Besten geben und von sich reden.[134] Von Seiten der Polizei kommt es hierbei häufig zu den ersten sechs Verhaltensweisen, von Seiten des Gegenübers oft zu Drohungen, Bewertungen, Vorwürfen und Versuchen des Herunterspielens.[135]

---

[131] Pfeiffer 2012, S. 85.
[132] Vgl. Knapp 2010, S. 90.
[133] Vgl. Seifert 1996, S. 13 ff.; zitiert nach Frank 2016, S. 76 ff.
[134] Vgl. Rosner 2012, S. 34 ff. Ähnliche Begrifflichkeiten wie Rosner verwendet Dubbert 2005, S. 97 und stellt von polizeilicher Seite her insbesondere das Anbieten vorschneller Lösungen, das Moralisieren und Dozieren, das Verallgemeinern, Bagatellisieren und Abwerten als typische Gesprächskiller heraus.
[135] Vgl. Frank 2016, S. 79.

Die Eigenarten der Kommunikation in polizeilichen Kontexten liefern somit keine idealen Kommunikationsbedingungen, weder für intra- noch interkulturelle Begegnungen. Von daher sind polizeiliche Situationen prädestiniert für eine im herkömmlichen Alltag als solche zu bezeichnende „verfehlte Kommunikation".

2.4 Zusammenfassung

Interkultureller Umgang bzw. interkulturelle Kommunikation setzt zur Bewältigung spezifischer Situationen immer auch ein gewisses Maß an interkultureller Kompetenz voraus. Trotz der sich dabei ergebenden Anforderungen können Polizeibeamte zur Erfüllung ihrer Aufgaben in der Regel auf ihre allgemeine Handlungskompetenz bauen. Insgesamt ist jedoch eine wertungsfreie, differenzierte Analyse der Situation ebenso wie eine vorurteilsfreie, sensible Herangehensweise und ein respektvoller Umgang mit dem Gegenüber sowie kultureller Unterschiede erforderlich, um eine stimmige Kommunikation auf allen Ebenen zu ermöglichen. Zur Gewährleistung günstiger Interaktionsvoraussetzungen bietet es sich an, allgemeine Empfehlungen, wie jene von Knapp-Potthoff, die im Anhang dargestellt sind, für den interkulturellen Umgang als Orientierungsgrundlage zu nutzen.[136]

Da interkulturelle Kommunikation im polizeilichen Kontext häufig im Rahmen von Erst-Kontakt-Situationen stattfindet und die Interaktanten vordergründig an einer klaren Verständigung sowie an einer zügigen Abhandlung des Sachverhalts interessiert sind, ist es nachvollziehbar, dass v.a. sprachliche Barrieren als Problemschwerpunkt wahrgenommen werden. Ohne eine gemeinsame Sprache ist eine adäquate Kommunikation kaum möglich und auch eine Reparatur von auftretenden Kommunikationsstörungen durch Metakommunikation kann nicht gelingen. Insgesamt birgt dies ein gewisses Spannungspotenzial in sich. Eine gemeinsame Sprache bzw. der mögliche Rückgriff darauf bildet deshalb eine wichtige Ressource zur zufriedenstellenden Bewältigung interkultureller Begegnungen. Aufgrund seiner Verbreitung kommt Englisch als geeignetste Option in Betracht und kann deshalb als ein bedeutender Faktor bei der polizeilichen Vorbereitung auf interkulturelle Überschneidungssituationen angesehen werden. Selbst einem Beamten mit Defiziten ist zu empfehlen, sich im Sinne der Kommunikation nicht vor dem Einsatz der Fremdsprache zu scheuen, sofern sie eine bessere Verständigung erlaubt. Ihm sollte dabei bewusst sein, dass standardsprachliche Abweichungen und Fehler den Normalfall darstellen.

---

[136] Vgl. Knapp-Potthoff 1997, S. 202. Textausschnitt befindet sich in Anhang 1, S. 62.

3. Methodik

Das folgende Kapitel befasst sich mit der Methodik der im Fokus dieser Arbeit stehenden Entwicklung eines Konzepts für den Umgang mit nichtdeutschsprachigen Ausländern. Hierbei werden die Rahmenbedingungen für ein polizeiliches Konzept vorgestellt und die durchgeführte leitfadengestützte Expertenbefragung beschrieben, die zur Konzeptentwicklung beigetragen hat.

3.1 Rahmenbedingungen für ein polizeiliches Konzept

Obwohl im allgemeinen Sprachgebrauch kein fest definierter Konzeptbegriff existiert, kann ein Konzept für eine erste begriffliche Annäherung in Anlehnung an Graf und Spengler als Entwurf charakterisiert werden, der gedankliche Vorwegnahmen intendierter zukünftiger Zustände beinhaltet und insoweit Berührungspunkte zu den Begriffen Vision und Plan aufweist.[137] Von einer Vision unterscheidet sich ein Konzept gemäß der Autoren aber dadurch, dass mit ihm bereits konkrete Ziele verknüpft sind, es Mittel und Wege zur Zielerreichung aufzeigt sowie entsprechende Werte und Normen bestehen. Im Gegensatz zu einem Plan ist ein Konzept weniger detailliert und konkret ausgearbeitet, bedarf jedoch eines solchen zur Umsetzung. Das Ziel der Entwicklung eines Konzepts besteht einerseits in der Entwicklung einer Organisation und anderseits der Entwicklung des Personals.[138]

Im Mittelpunkt jeder Konzeptentwicklung steht im Wesentlichen der Problemlösungszyklus, der auf den Schritten Situationsanalyse, Zielsetzung, Lösungssuche und -beurteilung sowie Durchsetzung inklusive Kontrolle beruht. In der Situationsanalyse wird das Problem analysiert und benannt sowie der Handlungsbedarf herausgestellt. Die Zielsetzung dient der konkreten Formulierung von Zielen und berücksichtigt hierbei insbesondere die Anspruchsgruppen. Bei der folgenden Lösungssuche werden Varianten zur Problemlösung unter Zugrundelegung der Zielsetzung erarbeitet und anschließend beurteilt. Beim letzten Schritt, der Durchsetzung, geht es um die konkrete Umsetzung der Lösungsvariante, wobei eine Kontrolle des Prozesses stattfindet und gegebenenfalls zu neuen Anstößen führt.[139]

In der Problemstellung dieser Arbeit wurden bereits Überlegungen hinsichtlich eines polizeilichen Konzeptes für den Umgang mit nichtdeutschsprachigen Ausländern angestellt und dahingehend seine Zielrichtung for-

---

[137] Vgl. Graf, Spengler 2013, S. 17 f.
[138] Vgl. ebenda, S. 20.
[139] Vgl. AD HOC Personal- und Organisationsberatung 2016, S. 4 ff.

muliert. Da insbesondere sprachliche Barrieren als Problem in der Polizeipraxis wahrgenommen werden, bilden sie den Hauptansatzpunkt. Im Sinne
von Boltens Darstellung ist das Konzept auf den Ausbau des Bereichs der
kommunikativen Fähigkeiten und der Fremdsprachenkenntnisse ausgerichtet.

Hierbei sind unter Berücksichtigung der interkulturellen Kontaktsituation
der spezifische polizeiliche Kontext bzw. die polizeilichen Zielrichtungen
zu berücksichtigen. Ein grundlegendes Erfordernis besteht darin, dass der
Interaktionspartner den Inhaltsaspekt einer Mitteilung erfassen kann und es
ihm somit grundsätzlich möglich ist, seine Lage und Rolle im Rahmen der
spezifischen Situation bzw. die Intentionen des Beamten zu verstehen. Des
Weiteren darf die Art und Weise der Kommunikation von Seiten der Polizei eine bestehende Kooperationsbereitschaft nach Möglichkeit nicht einschränken, sollte diese gegebenenfalls jedoch erzeugen. Dies dient dem
Zweck, dass polizeiliche Maßnahmen unter Mitwirkung des Gegenübers
durchgeführt werden können und trägt demgemäß auch dem Aspekt der
Eigensicherung Rechnung. Im Fokus steht somit eine erfolgreiche Verständigung zwischen dem Beamten und dem polizeilichen Gegenüber durch
Gewährleistung einer möglichst eindeutigen, prägnanten und stimmigen
Kommunikation auf verbaler sowie nonverbaler Ebene. Zudem muss das
Konzept auch allgemeine kommunikative Regeln berücksichtigen und je
nach Situation und Zielrichtung eine gewisse kommunikative Flexibilität
gewährleisten.

Von der Problematik der kommunikativen Barrieren sind insbesondere Beamte im Streifendienst betroffen, wodurch sie und unter Zugrundelegung
der Zukunftsorientierung der Organisation auch Personal in der Ausbildung
die Zielgruppe des Konzepts darstellen. Aufgrund des damit verbundenen
Umstands einer schier unüberschaubaren Vielfalt potenzieller interkultureller Situationen ist das Konzept auf die Alltagspraxis bzw. die Kommunikation im Rahmen allgemeiner polizeiliche Situationen und Maßnahmen aus-
zurichten und muss zugunsten der Eigensicherung auch solche mit gewis-
sem Spannungspotenzial berücksichtigen.

Im Sinne der Effizienz im Rahmen der umfassenden polizeilichen Aus- und
Fortbildung besteht die Notwendigkeit darin, dass sich die Elemente des
Konzepts relativ leicht und fächerübergreifend in den polizeilichen Unter-
richt eingliedern lassen, auf Basiswissen in allen relevanten Bereichen aufbauen, für jeden Beamten handhabbar sind und entsprechende Handlungssicherheit generieren können.

3.2 Leitfadengestützte Interviews

3.2.1 Zielstellung und Beschreibung der Methode

Da im Mittelpunkt der Befragung die polizeiliche Kommunikation in interkulturellen Überschneidungssituationen stand, wesentliche Aspekte für den interkulturellen Umgang mit nichtdeutschsprachigen Ausländern herausgearbeitet und gleichzeitig theoretische Aussagen in der Literatur im Hinblick auf die polizeiliche Wirklichkeit analysiert werden sollten, wurde auf ein qualitatives Vorgehen in Form von leitfadengestützten Interviews zurückgegriffen, um die Ergebnisse später in die Konzepterarbeitung einfließen zu lassen.

Kernelement dieser semistrukturierten Erhebungsmethode ist ein Leitfaden zur Steuerung und Strukturierung des Interviews. Er gewährleistet eine themenzentrierte Befragung sowie eine angemessene Vergleichbarkeit der Daten. Die Fragen werden dabei möglichst offen formuliert, um dem Interviewten Antwortspielräume und Gelegenheit zu geben, über Erfahrungen zu berichten.[140]

Aufgrund der Zielstellung, qualitativ fundierte Informationen zu erhalten, wurde die Methode des Experteninterviews gewählt, welches als eine Sonderform des Leitfadeninterviews betrachtet werden kann. Der Begriff „Experte" bezieht sich hierbei auf „die spezifische Rolle des Interviewpartners als Quelle von Spezialwissen über die zu erforschenden sozialen Sachverhalte."[141]

3.2.2. Auswahl der Experten

Das Hauptkriterium für die Auswahl der Interviewpartner bestand in tiefgründigen Erfahrungen und Kenntnissen im interkulturellen Umgang, die im Rahmen des polizeilichen Dienstes erworben wurden. Alle Experten haben im Rahmen mehrmonatiger dienstlicher Auslandsaufenthalte eine entsprechende Expertise im interkulturellen Umgang sammeln können und griffen zur Verständigung mit Interaktionspartnern insbesondere auf fremdsprachliche Kommunikation zurück. Im Gegensatz zu Beamten ohne dienstliche Auslandseinsätze machten sie differenziertere interkulturelle Erfahrungen und konnten diese tiefgründiger reflektieren. Daraus wurde geschlussfolgert, dass sie in der Lage sind, kulturelle Unterschiede auch in Bezug auf die Kommunikation differenzierter zu betrachten und somit qualitative Aussagen zur Thematik machen zu können, welche insbesondere den polizeilichen Kontext einbeziehen. Da angesichts der zugrundeliegenden Thematik und der Leitfadeninterviews Personen in Betracht gezogen werden mussten, die diesbezüglich eine große Offenheit an den Tag legen,

---

[140] Vgl. Misoch 2015, S. 65 f.
[141] Gläser, Laudel 2010, S. 12.

wurden Experten gewählt, die als Lehrkräfte am Bildungszentrum der Thüringer Polizei in Meiningen tätig sind. Durch entsprechende persönliche Vermittlung konnten drei Experten für die Interviews gewonnen werden.

3.2.3 Ablauf und Inhalt der Interviews

Ein Leitfaden hat eine inhaltliche und eine strukturelle Ebene. Für die inhaltliche Ausgestaltung der einzelnen Fragen orientierte sich der erstellte Leitfaden im Anhang[142] an der bereits in Abschnitt 3.2.1 genannten Zielstellung, strukturell an den vier von Misoch benannten Phasen eines Interviews, die im Folgenden beschrieben und zudem die entsprechenden Fragen zugeordnet werden.[143]

In der ersten Phase der Interviews, der *Informationsphase*, findet im Allgemeinen eine Aufklärung der Befragten hinsichtlich Thematik und Zielsetzung der Befragung statt. Im Rahmen des Leitfadens bestand zusätzlich die Notwendigkeit, die Begrifflichkeit „erfolgreiche Kommunikation" als Bestandteil mehrerer Fragestellungen zu erörtern, eine Ratingskala zu erklären und die Experten dazu anzuhalten, insbesondere die Perspektive eines Beamten im Einsatz- und Streifendienst zu berücksichtigen, um Einheitlichkeit zu gewährleisten.

Die folgende *Aufwärm- bzw. Einstiegsphase* dient allgemein der Erzeugung einer entspannten Gesprächsatmosphäre und soll den Interviewten helfen, ins Gespräch zu finden. Hierbei werden erste, möglichst offene und breite, Fragen gestellt. Im Leitfaden wurden dieser Phase die ersten beiden Fragen zugeordnet. Hierbei ist anzumerken, dass die erste Einstiegsfrage beim letzten Interview entfiel, da sie in den vorherigen Befragungen sehr unterschiedlich aufgenommen wurde. Daraus wurde einerseits geschlussfolgert, dass den Befragten eine Einschätzung schwer fällt und die Frage dadurch andererseits nicht die Kriterien einer Einstiegsfrage erfüllt.

In der *Hauptphase* des Interviews werden die tatsächlich relevanten Fragen abgehandelt. Dementsprechend wurden die folgenden Fragen im Leitfaden auf den Kern der Zielstellung ausgerichtet, Informationen zur Entwicklung eines polizeilichen Konzepts zu erhalten. Drei der Fragen schlossen Bewertungen anhand einer Skala von Null bis Vier ein, um die Bedeutung einzelner, auf theoretischen Vorüberlegungen basierenden, Faktoren herauszustellen und diesbezüglich eine Vergleichbarkeit zu gewährleisten. Ein mit null bewerteter Faktor wäre in diesem Sinne unbedeutend, während ein solcher mit vier eine außerordentlich hohe Bedeutung hätte. Die Bewertung sollte jeweils begründet werden, um fundiert den zugrundeliegenden Gedankengang der Experten herausstellen zu können. Obwohl die Fragen untereinander eine deutliche Struktur aufweisen, wurde ein gewisser Spiel-

---

[142] Vgl. Anhang 2.1, S. 67.
[143] Vgl. Misoch 2015, S. 68 f.

raum für weitere, sich ergebende Fragen einkalkuliert. Im Sinne der Flexibilität bestand ebenso wenig eine feste Bindung an die konkrete Reihenfolge der Fragen.

Nach der Befragung wird das Interview in der *Abschlussphase* beendet und der Befragte aus der Interviewsituation herausgeführt. Die befragten Experten hatten hierbei die Möglichkeit, nicht angesprochene Informationen zu ergänzen.

3.2.4 Durchführung der Interviews

Die Interviews wurden jeweils nach telefonischer Vereinbarung geeigneter Termine an der gemeinsamen Dienststelle der Befragten, dem Bildungszentrum der Thüringer Polizei in Meiningen, durchgeführt. In Anbetracht entsprechender Anfragen wurde der Leitfaden den Interviewpartnern vor den jeweiligen Befragungen elektronisch zugesandt und von diesen zur Vorbereitung auf die Interviews genutzt. Da inhaltliche Aspekte im Fokus lagen, gestaltete dieses Vorgehen die Interviews zeiteffizient. Insgesamt wurden für die reine Befragung ca. 25 Minuten angesetzt. In der Praxis nahmen sie je nach Ausführlichkeit der Fragenbeantwortung zwischen 13 und 18 Minuten in Anspruch. Die Interviews wurden persönlich durchgeführt und mit ausdrücklichem Einverständnis der Befragten aufgezeichnet.

3.2.5 Auswertung der Interviews

Die Auswertung der Interviews erfolgte in Anlehnung an eine inhaltliche Strukturierung als Technik einer qualitativen Inhaltsanalyse. Ziel dieser Technik ist es, bestimmte Inhalte und Aspekte aus vorliegendem Material herauszufiltern, zusammenzufassen und Kategorien zuzuordnen.[144]

Materielle Grundlage zur Anwendung der Technik waren die transkribierten Interviews, welche sich im Anhang befinden.[145] Die Kategorien, nach denen das Material ausgewertet wurde, waren eng an die konkreten Fragestellungen gekoppelt. Sie bezogen sich in Bezug auf interkulturelle Kommunikation von Polizeibeamten auf deren dienstliche Vorbereitung auf interkulturelle Situationen, auf Erlebensgegensätze im Vergleich zur Kommunikation mit Deutschen, auf allgemeine Erfolgsfaktoren interkultureller Kommunikation, auf die Bedeutung der einzelnen Faktoren spezifisches kulturelles Wissen, Fremdsprachenkenntnisse und Gestik, auf die praktische Umsetzung der fremdsprachlichen Kommunikation sowie auf deeskalierende Kommunikation.

---

[144] Vgl. Mayring 2010, S. 98.
[145] Vgl. Anhang 2, S. 65 ff. (siehe A 2.2)

4. Konzept zum interkulturellen Umgang mit nichtdeutschsprachigen Ausländern

Angesichts der gesetzten Rahmenbedingungen widmet sich dieses Kapitel den einzelnen Teilelementen bzw. Bausteinen des Konzepts und bezieht zur Konkretisierung und Begründung neben Beiträgen aus der Fachliteratur insbesondere die Befragungsergebnisse ein und spiegelt diese wider. Das Konzept besteht, wie in Abbildung 3 im Anhang dargestellt, aus vier Teilelementen.[146] Das Element *verbales und nonverbales Grundverhalten* bildet das Fundament und präzisiert durch seine Teilelemente Grundsätze für die polizeiliche Kommunikation. Das zweite Element, *Anwendung von Kommunikationsstrategien*, umfasst Vorgehensweisen, die auf bestimmte Zielrichtungen im Sinne der Situationsbewältigung ausgerichtet sind und setzt sie miteinander in Verbindung. Die Kernaspekte des Konzepts, im Kopf der Abbildung dargestellt, bilden zum einen das Element *Einsatz der englischen Sprache* und zum anderen das Element *Einsatz von unterstützender Gestik*, da die anderen Elemente sozusagen ein „Medium" zur Umsetzung benötigen. Ersteres bezieht sich auf den Einsatz des Englischen als lingua franca für den Umgang mit nichtdeutschsprachigen Ausländern. Im besonderen Fokus liegen dabei Satzbausteine bzw. „useful phrases" für die polizeiliche Kommunikation in ausgewählten Situationen. Im Sinne der praktischen Anwendbarkeit steht im Ergebnis ein Katalog mit englischen Wendungen, der Aspekte der anderen Elemente mit einbezieht. Das Element *Einsatz von unterstützender Gestik* bezieht sich auf die Anwendung deiktischer und beschreibender Gesten zur Überwindung bestehender Sprachbarrieren, wobei auch hier ein entsprechender Katalog für die praktische Anwendung als Ergebnis hervorgeht und mit dem Phrasenkatalog in Verbindung gebracht wird.

4.1 Verbales und nonverbales Grundverhalten

Das Element verbales und nonverbales Grundverhalten erfasst grundlegende Aspekte, die ein Polizeibeamter beim interkulturellen Umgang beachten sollte. Im intrakulturellen Kontext empfiehlt Hermanutz bezugnehmend auf Studien grundsätzlich ein freundliches und konsequentes Auftreten von Polizeibeamten.[147] Im Hinblick auf interkulturelle Überschneidungssituationen gilt dies ebenso.[148] Es kann somit als Ausdruck von Professionalität und Autorität bezeichnet werden und zur Deeskalation und Eigensicherung beitragen. Dennoch ist zu beachten, dass Polizeibeamte ihr Verhalten der

---

[146] Vgl. Anhang 1, S. 64.
[147] Vgl. Hermanutz 2013, S. 97.
[148] Vgl. Interview 1, S. 68. (siehe A 2.2)

konkreten Situation anpassen müssen und gegebenenfalls ein sehr bestimmendes Auftreten erforderlich ist.[149]

Für Hücker spielen neben Höflichkeit im Allgemeinen auch Sachlichkeit, Offenheit und Empathie eine wesentliche Rolle für eine angemessene Kommunikation. Höflichkeit beinhaltet neben Begrüßen, Bitten und Danken eine angemessene Anrede und die Vorstellung der eigenen Person. Sachlichkeit entpersonifiziert und hilft, Sachverhalte direkt anzusprechen. Offenheit hingegen zeigt Bereitschaft an, gemeinsam Lösungen für ein Problem finden zu wollen und Empathie drückt Verständnis für das Gegenüber und seine Situation aus und kann ebenfalls stark zur Entspannung von Situationen beitragen.[150] Bei den genannten Aspekten ist jedoch anzumerken, dass Höflichkeit kulturell bedingt unterschiedlich wahrgenommen wird und bspw. ein sachlich-direkter Kommunikationsstil unhöflich wirken kann. Daher sollten Beamte im Kontakt mit Ausländern deren Reaktionen genau beobachten, um Irritationen frühzeitig zu erkennen und entgegenzuwirken. Dies setzt auch eine gewisse Umstellungsfähigkeit voraus. Ferner darf ein empathisches Verhalten nicht bedeuten, die gebotene neutrale Haltung aufzugeben, sondern die Bereitschaft zu zeigen, sich in das Gegenüber hineinzuversetzen. Dem Aspekt der Offenheit lässt sich zudem im weitesten Sinne der Aspekt Transparenz zuordnen. Im Rahmen der Expertenbefragung wurde herausgestellt, dass sie eine Situation zum einen verständlicher für das Gegenüber werden lässt und andererseits ein Gefühl der Eingebundenheit erzeugt.[151] Im Grunde handelt es sich um die Herausbildung einer gemeinsamen Wissensgrundlage, welche gerade auch in interkulturellen Kontexten eine Grundlage für Vertrauen, Verständnis und Unsicherheitsreduzierung darstellt.[152] Dies kann erreicht werden, indem das Gegenüber bspw. über Maßnahmen, Abläufe und Sachlagen informiert wird.

In vielen Punkten entsprechen die obigen Ausführungen den Empfehlungen zur Einsatzkommunikation im Leitfaden 371, wobei dieser nochmals explizit auf das Verhältnis von verbaler und nonverbaler Kommunikation hinweist.[153] Hermanutz stellt speziell für die nonverbale Kommunikation heraus, dass beim Gegenüber im Allgemeinen eine neutrale Haltung mit ruhig wirkender Körpersprache am besten ankommt.[154] Um deeskalierend zu wirken, müssen Polizeibeamte v.a. Ruhe ausstrahlen und diesbezüglich auch gezielt ihren eigenen Stresspegel senken und kontrollieren. Ein kor-

---

[149] Vgl. Interview 1, S. 4 (siehe A 2.2); Landespolizeidirektion Thüringen 2015, S. 1.
[150] Vgl. Hücker 1997, S. 65 ff.
[151] Vgl. Interview 1, S. 67; Interview 2, S. 72. (siehe A 2.2) Beide Interviewpartner nahmen indirekt Bezug auf den Faktor Transparenz bei Ausführungen zur fremdsprachlichen Verständigung, da diese bei nichtdeutschsprachigen Ausländern eine Grundlage zur Herstellung von Transparenz bildet.
[152] Vgl. Spencer-Oatey, Franklin 2009, S. 83.
[153] Vgl. Thüringer Innenministerium 2011, S. 21 f.
[154] Vgl. Hermanutz 2013, S. 102 f.

rektes, rollengerechtes äußeres Erscheinungsbild unterstützt das gesamte Auftreten zusätzlich positiv.[155] Sytschjow bestätigt im Grunde diese Aussagen zur nonverbalen Kommunikation. Als professionell und adäquat wird gemäß ihrer Studie insgesamt eine mäßig angespannte, aufrechte Körperhaltung mit locker hängenden Armen und sichtbaren Händen vom Gegenüber wahrgenommen, da sie optisch einen souveränen und aktiven Eindruck hinterlässt.[156] Ferner fasst sie zusammen, dass Beamte mit einer lebhaften Mimik, stimmigen Gestik und einem ausgeglichenen Blickverhalten, bei Wahrung eines angemessenen Distanzverhaltens und einer zugewandten Körperorientierung, positiv wirken.[157] Unabhängig des kulturellen Hintergrunds des Interaktionspartners lassen sich diese Grundsätze im Wesentlichen wohl auch auf interkulturelle Überschneidungssituationen übertragen. Sie bedingen jedoch eine entsprechende, kommunikationsförderliche Grundhaltung dem Interaktionspartner gegenüber.[158]

4.2 Anwendung von Kommunikationsstrategien

Im Rahmen der Aufgabenbewältigung ist es notwendig, dass Polizeibeamte situationsangepasst mit ihrem Gegenüber kommunizieren und zielgerichtet Einfluss auf die Kommunikation nehmen können. Das setzt voraus, dass sie in der Lage sind, flexibel geeignete Kommunikationsstrategien anzuwenden.

Zur Veranschaulichung dieses Teilelements in Abbildung 3 im Anhang wurde im Wesentlichen eine modellhafte Abbildung von Pfeiffer zugrundegelegt, welche leicht modifiziert sowie durch einige Punkte in der Darstellung ergänzt wurde.[159] Sie verdeutlicht, dass je nach Zielrichtung der Polizeibeamte auf eher defensive oder offensive Methoden zugreifen kann, die im Schema als Pull- und Push-Strategien bezeichnet werden. Abhängig davon, ob er Informationen gewinnen, welche geben, jemanden überzeugen, warnen, drohen oder etwas verbieten bzw. veranlassen möchte, ist die Herangehensweise ausschlaggebend für den Erfolg und bei Bedarf eine geeignete Strategie anzuwenden.

Im Rahmen einer Pull-Strategie, die auf ein Zusammenwirken mit dem Interaktionspartner ausgerichtet ist, spielen Fragestrategien und Zuhörmethoden eine wesentliche Rolle.[160] Den Zuhörmethoden sind gemäß der INA-

---

[155] Vgl. Hermanutz 2013, S. 98.
[156] Vgl. ebenda, S. 85.
[157] Vgl. Sytschjow 2016, S. 102.
[158] Vgl. Interview 2, S. 71. (siehe A 2.2) Hierbei werden Respekt, Offenheit und Akzeptanz herausgestellt.
[159] Vgl. Pfeiffer 2012, S. 98. In der Originalabbildung wird „Verwarnen" als weitere Zielrichtung aufgeführt und sie enthält nicht die unter den Push- und Pullstrategien stehenden Ergänzungen.
[160] Vgl. Edmüller, Wilhelm 2014, S. 87; Pfeiffer 2012, S. 98 f.

Regel die Aspekte Interesse zeigen, Nachfragen und Aufgreifen zuzuordnen.[161] Sie können in diesem Sinne Empathie und Offenheit vermitteln. Der Umstand, dass interkulturelle Begegnungen meist automatisch mehr Aufmerksamkeit und Konzentration abverlangen, kann hierbei sogar vorteilhaft sein. Bei bewusster verbaler und nonverbaler Umsetzung können die Aspekte zu einem kommunikationsförderlichen Klima beitragen, wobei jedoch unter Umständen kulturspezifische Besonderheiten zutage treten können und zu beachten sind. Nicht weniger entscheidend sind geeignete Fragetechniken und für die polizeiliche Informationsgewinnung unerlässlich. Besonders bedeutsam sind gemäß Pfeiffer kurze, präzise gestellte W-Fragen, die den offenen Fragen zuzuordnen sind und sich zur Erlangung ausführlicher Informationen, Hintergründe und Sichtweisen oder zur Herstellung einer guten Beziehung sowie der Initiierung eines intensiveren Gesprächs eignen. Geschlossene Fragen sieht er als angebracht an, wenn möglichst schnell Informationen erlangt werden sollen, das Gegenüber ausschweifend antwortet oder aber abwehrend eingestellt ist.[162]

Push-Strategien umfassen all jene Methoden, bei denen der überzeugende Part aktiv seinen Standpunkt vertritt.[163] Sie beruhen daher nicht zuletzt auch auf argumentativen Fähigkeiten und können Aspekte wie Nutzen, Folgen, Ziele, Anliegen, Werte und Fakten aufgreifen.[164] Im Rahmen einer Push-Strategie stellt Pfeiffer im polizeilichen Kontext zudem auf den Einsatz von Ich-Botschaften ab. Im Gegensatz zu Du-Botschaften handelt es sich dabei um Aussagen, die das Verhalten anderer ansprechen, ohne diese persönlich anzugreifen, somit deeskalierend wirken und zur Schaffung einer angemessenen Gesprächsbasis beitragen. Als taktische Anweisung beinhalten sie eine kurze, objektive Beschreibung der Situation, die Darstellung des eigenen Standpunkts und einen deutlichen Appell an das Gegenüber hinsichtlich seines Verhaltens. Falls nötig werden zudem noch Konsequenzen bei Zuwiderhandlungen aufgezeigt.[165]

Sowohl Ich-Botschaften als auch eine umfassende Argumentation erfordern eine hohe sprachliche und kommunikative Kompetenz und sind bei einer Auseinandersetzung in einer Fremdsprache schwer umzusetzen, zudem fraglich ist, ob die entsprechenden Mitteilungen vom anderen überhaupt vollumfassend erfasst werden können. Deshalb ist im Sinne der Vereinfachung zu empfehlen, vorwurfsträchtige Du-Botschaften zur Verhinderung eines Gesichtsverlustes des Interaktionspartners weitestgehend zu meiden,

---

[161] Vgl. Pfeiffer 2012, S. 99.
[162] Vgl. ebenda, S. 101 f. Problematisch können in polizeilichen Kontexten jedoch gemäß Autor Warum-Fragen sein, da sie den Befragten in eine Rechtfertigungslage drängen.
[163] Vgl. ebenda, S. 98.
[164] Vgl. Edmüller, Wilhelm 2014, S. 62.
[165] Vgl. Pfeiffer 2012, S. 104 ff.

kontextbasiert den eigenen bzw. polizeilichen Standpunkt begründet zu vertreten, wobei nach Möglichkeit auch Bedürfnisse des Gegenübers aufgegriffen werden sollten und das erwünschte Verhalten klar zu signalisieren. Dies trägt u.a. dem Prinzip der Transparenz Rechnung.
Im Sinne dieser Arbeit werden die einzelnen oben genannten Zielrichtungen mit konkreten Situationen bzw. Maßnahmen in Verbindung gesetzt. Wird eine Person bspw. nach Personalien befragt, steht Informationsgewinnung im Vordergrund. Durch die Nennung des Grundes werden dem Gegenüber Informationen zur Maßnahme gegeben. Weigert sich die Person, so kann der Polizeibeamte versuchen, die Beweggründe zu erschließen, sowie argumentativ bzw. überzeugend auf das Gegenüber einzuwirken, um es zur Kooperation zu bewegen. Eventuell liegt für das Verhalten ein plausibler Grund vor, wie etwa ein erfahrungsbasiert negatives Verständnis von Polizei in der Heimat.[166] Durch das vorsichtige Vorgehen könnte die Kommunikationsbereitschaft erhalten bleiben. Je nach Kontext ist jedoch auch gegebenenfalls eine Warnung vor Folgen eines bestimmten Handelns oder eine Androhung der Durchführung von konkreten polizeilichen Maßnahmen in Betracht zu ziehen. Möchte der Beamte etwas verbieten oder das Gegenüber zu etwas veranlassen, begründet dies ebenso eine offensive Kommunikationsform, wobei im Sinne des Konzepts auch direktive Anweisungen hinzugerechnet werden.

4.3 Einsatz der englischen Sprache

Eine gemeinsame Sprache ist ein Kernelement erfolgreicher polizeilicher Kommunikation im Umgang mit ausländischen Bürgern. Je besser sich ein Polizeibeamter in einer interkulturellen Überschneidungssituation verständlich machen kann, desto leichter wird der Umgang mit der Situation und desto verständlicher und transparenter wird sie auch für das Gegenüber.[167] Folglich kann ein gutes fremdsprachliches Niveau dazu beitragen, Unsicherheits- und Stresserleben zu dämpfen, wertvolle Ressourcen für eine gelingende Situationsbewältigung freizusetzen, flexibler zu handeln und Missverständnisse leichter auszuräumen.
Aus diesem Grunde bildet dieses Element den Kern des Konzeptes. In den Interviews wurde die Beherrschung einer gemeinsamen Fremdsprache, im Konkreten Englisch, durchweg als äußerst bedeutsamer und grundlegender Faktor für eine erfolgreiche Kommunikation mit einem nichtdeutschsprachigen Gegenüber erachtet.[168] Hierbei wurde explizit angemerkt, dass die meisten Ausländer zumindest über Grundkenntnisse verfügen.[169] Daher

---

[166] Vgl. Thüringer Landespolizeiinspektion 2015, S. 2; Interview 1, S. 66.
[167] Vgl. Interview 1, S. 67. (siehe A 2.2)
[168] Vgl. Interview 1, S. 66 f.; Interview 2, S. 71 f.; Interview 3, S. 75 f. (siehe A 2.2)
[169] Vgl. Interview 2, S. 72; Interview 3, S. 76.(siehe A 2.2)

stellt das Englische eine geeignete, oftmals wohl auch einzige Option für Polizisten dar, sich mit einem Nichtdeutschsprachigen verbal auszutauschen. Voraussetzung ist allerdings, dass auch der Beamte über ausreichende Kenntnisse verfügt. In der Befragung wurde ein unterschiedliches Niveau angesprochen, welches nicht zuletzt davon abhängt, inwieweit Englisch Bestandteil der schulischen oder beruflichen Ausbildung war.[170]

Unter Berücksichtigung der beschriebenen Rahmenbedingungen und unter Zugrundelegung unterschiedlicher sprachlicher Niveaus stehen vorgefertigte englische Wendungen bzw. Satzbausteine im Fokus dieses Elements, auf die Beamte situationsorientiert zurückgreifen können. Bei ausreichender Internalisierung würden sie wie sprachlichen Routinen wirken. Sprachliche Routinen erlauben einen schnellen Abruf, entlasten den Sprecher und tragen in diesem Sinne dazu bei, den Kommunikationsablauf reibungsloser zu gestalten sowie für Verhaltenssicherheit zu sorgen.[171] Vorgefertigte Phrasen können gut in Zusammenhängen memoriert beziehungsweise verinnerlicht werden und dennoch zu einer kreativen Anwendung der Sprache beitragen.[172] Im Rahmen der Befragung wurde ihre Bedeutung für Gesprächseinstiege, Stressmanagement und die allgemeine Situationsbewältigung herausgestellt.[173] Aus diesem Grunde sind sie auch für fremdsprachlich kompetente Beamte, insbesondere in stressigen Situationen, interessant und nützlich.

Da das von den Interviewpartnern direkt oder indirekt angesprochene KISS-Prinzip einen wesentlichen Aspekt für die fremdsprachliche Kommunikation darstellt, liegt auch die Bildung von Satzbausteinen diesem Prinzip zugrunde. Das Akronym steht für „Keep it short and simple."[174] Auf diese Weise werden Äußerungen möglichst „kurz und einfach" und somit auch für englischsprachlich weniger bewanderte Personen verständlich gehalten. Dies ist ein wesentlicher Aspekt, von dem selbst sprachkompetente Beamte profitieren können, da manche Situationen eine gezielte und angemessene Reduzierung des sprachlichen Niveaus erfordern. Wie dargestellt wurde, ist das Level individuell als auch weltweit äußerst unterschiedlich. Selbst mit einem englischsprachlich sehr kompetenten Gegenüber bietet sich im Zusammenhang mit polizeilichen Sachverhalten eine einfach gehaltene Kommunikation an und verschafft einen besseren Zu-

---

[170] Vgl. Interview 1, S. 65. (siehe A 2.2)

[171] Vgl. Lüger 1992; zitiert nach Philipp 2002, S. 41.

[172] Vgl. Nattinger, DeCarrico 1989, S. 132 ff.

[173] Vgl. Interview 1, S. 65 f.; Interview 2, S. 72. (siehe A 2.2)

[174] Es wird direkt in Interview 2, S. 72 angesprochen. Indirekt wird auch in Interview 3, S. 76 und in Interview 1, S. 66 mit „Weniger ist mehr" darauf Bezug genommen. Hierbei geht es insbesondere darum, den Informationsinput zu steuern und eine angemessene Verarbeitung zu ermöglichen. (siehe A 2.2)

gang.[175] Sofern, wie dringend zu empfehlen ist, der fremdsprachlich kompetentere Beamte die Gesprächsführung übernimmt, wird durch die Anwendung des KISS-Prinzips außerdem ermöglicht, dass selbst Kollegen mit geringen Englischkenntnissen der Konversation inhaltlich folgen können. Dies trägt wiederum der Eigensicherung Rechnung. Für die praktische Umsetzung sei explizit auf den Abschnitt 2.3.5 hingewiesen, der weitere Möglichkeiten der linguistischen Anpassung neben dem Kernprinzip des KISS aufzeigt.[176] Zudem sind die Ausführungen zur Lingua-franca-Kommunikation in Abschnitt 2.3.4.3 beachtenswert. Obwohl hierbei insbesondere Funktionalität im Vordergrund steht, sollte im Sinne einer effektiven Verständigung mit einem möglichst kleinen Interpretationsspielraum hinsichtlich der Bedeutung des Gesagten auch weitestgehende Korrektheit[177] auf den sprachlichen Ebenen angestrebt werden.

Die im Rahmen dieser Arbeit erstellten Satzbausteine befinden sich als Katalog im Anhang.[178] Um zur flexiblen Bewältigung von polizeilichen Situationen beitragen zu können, ist er umfassend gestaltet und an Handlungen bzw. Maßnahmen angelehnt, die in der dienstlichen Praxis von Beamten im Einsatz- und Streifendienst relevant sein können. Dies bezieht sich im Sinne der Eigensicherung auch auf solche, die ein gewisses Spannungspotenzial in sich bergen können. Zugunsten der Aneignung und der praktischen Anwendbarkeit, orientieren sich die Satzbausteine nicht nur am KISS-Prinzip, wobei dem Element „Einfachheit" die Hauptpriorität eingeräumt wird, sondern teilweise auch an ähnlichen deutschen Begrifflichkeiten.[179] Für die systematische Bildung der Wendungen wurde das Modell mit den verschiedenen Zielrichtungen und Kommunikationsstrategien als Basis zugrundegelegt.

Da die individuelle Situation vor Ort nicht zuletzt auch das kommunikative Vorgehen bestimmt, sind die Formulierungen als Vorschläge, Orientierungs- und Unterstützungshilfen zu betrachten.

---

[175] Selbst bei der Kommunikation mit Muttersprachlern ist gemäß Interview 3, S. 76 diese Vorgehensweise zur Verhinderung von Verständigungsschwierigkeiten empfehlenswert. (siehe A 2.2)

[176] Weitere Elemente, die in der Befragung genannt werden, finden sich in den allgemeinen Ausführungen wieder, z.B. eine langsame, laute, deutliche Sprechweise mit Pausen.

[177] Vgl. Interview 3, S. 76. Hierbei wurde Korrektheit im Rahmen der praktischen fremdsprachlichen Umsetzung herausgestellt, wenngleich der Aspekt nicht differenzierter erläutert wurde. (siehe A 2.2)

[178] Vgl. Anhang 3.2, S. 79.

[179] Z.B. Übersetzung für „jemanden in Gewahrsam nehmen" mit dem aus rechtlichen Gesichtspunkten im Grunde nicht korrekten „to arrest somebody." Dies bedeutet eigentlich „jemanden festnehmen." Korrekt wäre „to take somebody into custody." Doch „to arrest" ist ähnlich dem deutschen „arrestieren", wodurch es für den Polizeibeamten einfacher wird, eine entsprechende Wendung zu bilden und das Verständnis für die Sache nicht wesentlich darunter leidet.

4.4 Einsatz von unterstützender Gestik

Obwohl das gesamte nonverbale Verhalten Kommunikation darstellt und Informationen transportiert, können Inhalte besonders gut mit Hilfe von Gestik vermittelt werden. Dies gilt insbesondere dann, wenn verbale Kommunikation alleine nicht ausreicht. Hierbei muss jedoch beachtet werden, dass sowohl Körperhaltung als auch Mimik den Bedeutungsgehalt von Gestik wesentlich beeinflusst.[180] Eine entsprechende Stimmigkeit ist daher erforderlich

Im Rahmen der Befragung wurde die Rolle der Gestik für interkulturelle Begegnungen zwiespältig betrachtet. Einerseits wurde herausgestellt, dass Gesten durchaus hilfreich sein können, um sich als Beamter im Rahmen interkultureller Begegnungen verständlich zu machen, andererseits wurde jedoch auch angemerkt, dass sie gegebenenfalls verwirrend sein können, keine deckungsgleiche Bedeutung besitzen und im schlimmsten Fall sogar für das Gegenüber beleidigend wirken.[181] Aus diesem Grunde muss im polizeilichen Kontext nicht nur ein zielgerichteter, sondern auch überaus bedachter und vorsichtiger Gesteneinsatz im Rahmen der Kommunikation erfolgen.

Gestik dient im Sinne des Konzepts der Unterstützung des Verbalen, insbesondere bei Verständigungsproblemen aufgrund fremdsprachlicher Defizite. In diesem Sinne sollen Gesten zu einer besseren Verarbeitung bzw. einem besseren Verständnis beitragen.[182] Ihr großes Potenzial liegt darin, etwas zu veranschaulichen oder auf etwas Konkretes hinzuweisen, wodurch deiktischen und beschreibenden Gesten die größte Bedeutung für die polizeiliche Kommunikation zukommt. Idealerweise ist es dem Beamten auch hier möglich, auf ein vorbereitetes Repertoire anschaulicher Zeichen zurückgreifen, um schnell und souverän zu agieren. In diesem Sinne ist ferner zu empfehlen, dass Polizeibeamte bestimmte Gesten für eine bessere Abrufbereitschaft und Darstellungswirkung einüben.[183] Zur Gewährleistung einer bedeutungsstiftenden Wirkung ist ein zu intensives Gestikulieren in interkulturellen Situationen zu vermeiden, da gerade dann, wenn keiner der Interaktionspartner seine Muttersprache sprich, beide hochgradig gefordert sind. Jede zusätzliche Information stellt einen höheren Input dar, der vom Empfänger verarbeitet werden muss.[184] Der hochfrequente Einsatz von Gesten steigert somit die Anforderungen sowohl für den Sender als auch

---

[180] Vgl. Bischoff 2007, S. 78.

[181] Vgl. Interview 1, S. 68 f.; Interview 2, S. 72 f.; Interview 3, S. 76 f. Die konkreten skalierten Bewertungen für die Rolle der Gestik weichen voneinander ab und reichen von einer mittleren bis hin zu einer sehr hohen Bewertung. (siehe A 2.2)

[182] Vgl. Bischoff 2007, S. 62.

[183] Das Einüben von Gestik wird in diesem Sinne, unabhängig des polizeilichen Kontexts, auch gemäß Bischoff 2007, S. 81 und Apeltauer 1997, S. 34 empfohlen.

[184] Vgl. Interview 1, S. 68. (siehe A 2.2)

für den Empfänger. Gesten ohne Darstellungsinhalt, die eventuell störend, fahrig oder verwirrend wirken, sind zu vermeiden.[185] Anzustreben sind daher möglichst kurze, knappe und verständliche Zeichen.[186] Gesten, die vom Gegenüber als Beleidigung aufgefasst werden könnten, sind zur Aufrechterhaltung der Kommunikation, der Kooperationsbereitschaft und im Sinne der Eigensicherung unbedingt zu vermeiden.[187] Wenngleich ein Polizeibeamter nicht alle beleidigenden oder missverständlichen Gesten kennen oder sie einer Kultur zuordnen kann, dient der zusammengestellte Katalog im Anhang einer ersten Orientierung, welche Zeichen zu unterlassen sind, ganz gleich, welcher Kultur das Gegenüber angehört.[188] Im Sinne des Konzepts erfüllt Gestik dann ihren Zweck, wenn sie insbesondere zur Inhaltsvermittlung beiträgt, aber auch den Eigensicherungsaspekt berücksichtigt. Letzterem kommt der Umstand zugute, dass wirkungsvolle Gesten gemäß Bischoff oberhalb der Taille ansetzen.[189] Das heißt, Hände und Arme sind bereits in einer guten Position, um den Körper zu schützen und schnell zu agieren. In diesem Sinne ist es sinnvoll, die Amplitude der Bewegung so zu begrenzen, dass entsprechende Aktionen jederzeit möglich wären.[190]

Im Anhang wurde unter Zugrundelegung dieser Überlegungen und der englischen Satzbausteine eine Reihe von Gesten zusammengestellt, um gegebenenfalls in Kombination mit diesen angewandt zu werden, falls eine verbale Verständigung nicht gelingt.[191] Auch hierbei gilt, dass sie Vorschläge darstellen und die Kreativität des Beamten bzw. eine angemessene Anpassung nicht einschränken sollen. Ein flexibles Reagieren ist insbesondere dann notwendig, wenn Irritationen oder Missverständnisse auftreten. Beim Einsatz von Gestik müssen Beamte immer mit Fehlinterpretationen rechnen und diesen Umstand angemessen berücksichtigen.

---

[185] Vgl. Bischoff 2007, S. 62.

[186] Vgl. Interview 1, S. 68. (siehe A 2.2)

[187] Einschränkend ist hierbei jedoch zu erwähnen, dass eine unbedachte Geste in einem bestimmten Kontext trotz ihrer ursprünglichen Bedeutung eventuell gar nicht als Beleidigung aufgefasst wird. Doch gerade in angespannten Situationen besteht ein Risiko.

[188] Vgl. Anhang 3.4, S. 115.

[189] Vgl. Bischoff 2007, 63.

[190] Dies entspricht dem intuitiven Verhalten von Polizeibeamten. Gemäß Sytschjow 2016, S. 81 ff. wird der in ihrer Studie als recht zurückhaltend beschriebene Gesteneinsatz von Beamten u.a. damit begründet, dass diese aus Vorsicht die Bewegungsamplitude beim Gestikulieren beschränken und deshalb vornehmlich mit den Unterarmen arbeiten, während die Oberarme nah am Körper verbleiben.

[191] Vgl. Anhang 3.3, S. 108. (erscheint im ausgegliederten Gestenkatalog)

5. Diskussion

Dieses Kapitel widmet sich der Diskussion der Methodik und der Inhalte des Konzepts. Ein wesentlicher Anteil bezieht sich zudem auch auf die Möglichkeiten einer Einbindung in die polizeiliche Aus- und Fortbildung. Bezogen auf die Vielschichtigkeit von interkultureller Kompetenz, welche sich im interkulturellen Umgang zeigt, nehmen die Konzeptelemente im Sinne der Komplexitätsreduktion und praktischen Anwendbarkeit nur einen kleinen Ausschnitt in den Fokus; den Bereich der kommunikativen Fähigkeiten bzw. der Fremdsprachenkenntnisse. Die im vorherigen Kapitel vorgestellten Ansätze zur Ermöglichung einer erfolgreichen polizeilichen Kommunikation im interkulturellen Kontext sind hierbei zwar nicht neu, zeigen unter Zugrundelegung des Bedürfnisses nach Handlungssicherheit jedoch insbesondere durch den Phrasen- sowie Gestenkatalog konkrete Möglichkeiten der Kommunikation auf verbaler und nonverbaler Ebene auf.

Die Herangehensweise der Konzeptentwicklung folgte der Systematik des Problemlösungszyklus, wobei polizeiliche Alltagsprobleme zielgruppengerecht in den Fokus genommen und Rahmenbedingungen formuliert wurden. Zur Verknüpfung allgemeiner Aspekte zur interkulturellen Kommunikation einerseits und spezieller Aspekte der polizeilichen Kommunikation andererseits wurden Experteninterviews durchgeführt. Die Befragung gründete auf entsprechenden Vorüberlegungen hinsichtlich der Konzeptinhalte. Hierbei wurden viele Annahmen bestätigt, für die Praxis konkretisiert und Perspektiven umfassend begründet. Im Wesentlichen konnte eine breite Schnittmenge bezüglich der zusammengefassten Befragungsergebnisse und Inhalte hinzugezogener Literaturquellen festgestellt werden. Die Befragung blieb daher auf drei Interviews beschränkt.

Im Rahmen der Befragung wurden verschiedene Faktoren für den interkulturellen Umgang mit nichtdeutschsprachigen Ausländern behandelt bzw. angesprochen und aus praktischen Erwägungen jene Elemente in das Konzept einbezogen, die für die unmittelbare Face-to-face-Kommunikation bestimmend sind. Der Grundtenor, dass interkulturelle Begegnungen mit nichtdeutschsprachigen Ausländern bei Polizisten Handlungsunsicherheiten hervorrufen und eine gemeinsame Fremdsprache, allen voran Englisch, einen der wichtigsten Faktoren für eine erfolgreiche Kommunikation darstellt, verdeutlichte die Hauptzielrichtung und das Kernelement des Konzepts. Falls eine alternative Fremdsprache angewandt wird, weil sie eine bessere Verständigung ermöglicht, sind die Teilaspekte des Konzepts unter Zugrundelegung dieser Sprache weiterhin anwendbar.

Im Zusammenhang mit der Frage zur Bedeutung der Gestik wurde insbesondere Bezug auf die generell hohe Bedeutung der Körpersprache und im

Speziellen die Mimik genommen.[192] Angesichts der Rolle nonverbaler Kommunikation und der emotionsspiegelnden Universalien der Mimik ist dies nachvollziehbar. Da sie jedoch stärker den Beziehungs- als den Inhaltsaspekt betonen, werden sie im Rahmen des Konzepts nicht separat herausgestellt, jedoch als integraler Bestandteil des Elements „verbales und nonverbales Grundverhalten" betrachtet.

Im Rahmen der Befragung wurden auch die Hinzuziehung von Übersetzern und ein mehrsprachiges Formularwesen als geeignete Möglichkeiten zur interkulturellen Situationsbewältigung erwähnt.[193] Beides ist aus praktischer Sicht von hoher Bedeutung, v.a. im Rahmen der Sachbearbeitung. Doch für Polizisten im Einsatz- und Streifendienst ist der ständige Zugriff weder auf das eine noch das andere jederzeit gewährleistet und die Beamten bis zu einem gewissen Grade auf ihre eigenen Fähigkeiten angewiesen. Von daher wurden diese beiden Faktoren als inhaltliche Elemente ausgeklammert, sollten jedoch in der Praxis unbedingt berücksichtigt werden.

Die Erkenntnis, dass die Experten die wichtige Rolle von spezifischem kulturellen Wissen für eine erfolgreiche Kommunikation zwar anerkennen, aber gleichzeitig durch die Bedeutung allgemeiner Aspekte, wie „Respekt, Offenheit und Akzeptanz"[194] und dem bereits im Theorieteil benannten Umstand relativieren, eine umfassende Vermittlung sei unrealistisch[195], führte zur Schlussfolgerung, dass auch diese Komponente im Rahmen des Konzepts nur geringfügig zu berücksichtigen ist. Es besitzt somit eine vordergründig allgemeine Ausrichtung mit Fokus auf die Kommunikation. Da hierbei eine enge Beziehung zu Fähigkeiten und Eigenschaften besteht, welche interkulturelle Kompetenz noch ausmachen, sind Schulungen zu ihrer Entwicklung und allgemeinen Sensibilisierung von Polizeibeamten für die interkulturelle Kommunikation von hoher Bedeutung und entsprechend notwendig. Kulturspezifische Kenntnisse können dabei ebenso im erforderlichen Maße eingearbeitet werden, wobei sich diese Maßnahme gemäß des Aktualitätsprinzips an gegebene Bedingungen anzupassen hat.[196]

---

[192] Vgl. Interview 1, S. 68 f.; Interview 2, S. 73. Gemäß Interview 1 lässt sich das freundlich-bestimmte Auftreten insbesondere durch den Gesichtsausdruck signalisieren. (siehe A 2.2)

[193] Vgl. Interview 3, S. 77. (siehe A 2.2)

[194] Interview 2, S. 71.(siehe A 2.2)

[195] Vgl. Interview 1, S. 66; Interview 3, S. 75. (siehe A 2.2)

[196] In allen Interviews wurde mit Bezug zu aktuellen Ereignissen und Entwicklungen die Notwendigkeit von grundlegenden Kenntnissen zum arabischen Raum herausgestellt. Hierbei geht es zum einen um kulturelle Gebräuche, zum anderen aber auch um derzeit herrschende gesellschaftliche und politische Probleme, über die Polizisten Bescheid wissen sollten. Vgl. hierzu Interview 1, S. 66; Interview 2, S. 72; Interview 3, S. 75.

Das Konzept baut stark auf vorgefertigten Wendungen und Gesten auf. Einerseits sollen sie dazu beitragen, Verständigung zu erzielen und polizeiliche Sachverhalte zumindest grundlegend kommunikativ zu bewältigen, andererseits verfolgt dieser Ansatz den Zweck, insbesondere in Stresssituationen, Handlungsunsicherheiten von Beamten entgegenzuwirken, ein souveränes Auftreten zu ermöglichen sowie Aspekte der Eigensicherung zu erfüllen. Dies setzt voraus, dass die Beamten grundlegende Wendungen abrufen können. Ein Kritikpunkt könnte darin bestehen, dass insbesondere vorgefertigte englische Satzbausteine die Kommunikationsfähigkeit und ein flexibles Handeln einschränken und daher den Anforderungen einer individuellen Situationsbewältigung nicht gerecht werden. Aus diesem Grunde wird an dieser Stelle nochmals verdeutlicht, dass eine individuelle und variable Kommunikation von Seiten des Beamten nicht zu ersetzen ist und erworbene fremdsprachliche Fähigkeiten, unter Berücksichtigung des Niveaus des Gegenübers, vollumfänglich genutzt werden sollen. Um ein sachverhaltsbezogenes, effektives und flexibles Arbeiten bzw. Reagieren zu ermöglichen und tatsächlich handlungssicher zu sein, sollten Polizeibeamte der englischen Sprache insoweit mächtig sein, sich ausreichend verständlich zu machen und andererseits das Gegenüber zu verstehen. Dies begründet den Stellenwert der fremdsprachlichen Qualifizierung im Rahmen der polizeilichen Ausbildung. Die Wendungen, aber auch die Gesten, erfüllen folglich vordergründig eine unterstützende Funktion, sind als Vorschläge bzw. Empfehlungen für geeignete Situationen zu betrachten und können als Orientierung für eine einfache, klare und zielgerichtete Kommunikation genutzt werden, die bei sprachlichen Defiziten notwendig ist. Der Umfang des Katalogs steht dem nicht entgegen, denn wichtige Elemente sind darin hervorgehoben und viele Wendungen weisen eine ähnliche Struktur auf, um ihre Aneignung und Abrufbarkeit zu fördern. Außerdem erlauben aufgezeigte Alternativen den Rückgriff auf weitere Begrifflichkeiten und die Zugrundelegung von Kommunikationsstrategien und Zielrichtungen erzeugt ein gewisses Maß an Flexibilität, da die useful phrases daran angelehnt sind. Demgemäß ermöglichen sie es auch fremdsprachlich weniger bewanderten Beamten kommunikativ variabel auf das Gegenüber einzugehen.[197] Dies ist ein wesentlicher Faktor im Rahmen kommunikativer Fähigkeiten.

Da sich das Konzept zur Ermöglichung verbaler Kommunikation auf die englische Sprache stützt, liegen seine Grenzen dort, wo eine Verständigung auf Englisch nicht möglich ist, etwa wenn das Gegenüber die Sprache nicht beherrscht. Eine komplexe, allein auf Gestik und Körpersprache beruhende Kommunikation ist schwer realisierbar. Daher ist immer auch eine verbale

---

[197] Im Wesentlichen werden für den Dienst insbesondere Wendungen zur Informationsgewinnung, Informationsweitergabe und konkrete Anweisungen an das Gegenüber bedeutsam sein.

Verständigung, gegebenenfalls unter Hinzuziehung eines Übersetzers, anzustreben. Weitere Möglichkeiten bietet die moderne Technik, bspw. in Form direkter Übersetzungshilfen und akustischer Aussprachehilfen auf Smartphones oder Tablets. Hierzu müsste die Technik den Beamten idealerweise dienstlich zur Verfügung gestellt werden. Da menschlicher Umgang jedoch mehr als nur bloßen Informationsaustausch darstellt, sind elektronische Hilfsmittel auch lediglich als solche zu betrachten. In der face-to-face-Kommunikation können sie direkte Äußerungen, gerade auch in ad-hoc-Situationen, nicht ersetzen. Daher sollten wichtige englische Standardwendungen, die auf verbreiteten Basiskenntnissen beruhen, von jedem Beamten beherrscht werden, um einen kommunikativen Zugang zu schaffen, das Gegenüber zu beruhigen und nicht zuletzt Situationen einzufrieren.[198]

Ein wichtiger, noch nicht abgehandelter Aspekt zum Konzept ist eine mögliche Einbindung der Elemente in die polizeiliche Aus- und Fortbildung sowie Praxis. Erst dieser Schritt vervollständigt sozusagen die konzeptuellen Überlegungen und schafft einen Rahmen für deren Umsetzung, wobei verschiedene Möglichkeiten bestehen, sie an die Beamten heranzutragen.

Für den unmittelbaren dienstlichen Gebrauch können ihnen entsprechend gestaltete und aufbereitete Handreichungen zur Verfügung gestellt werden. Gerade im Hinblick auf die englischen Phrasen in Kombination mit den vorgeschlagenen Gesten bieten sich Taschenkataloge und Einsatzkarten an, welche die Beamten jederzeit mit sich führen und bei Bedarf nutzen können. Hilfsmittel dieser bewährten Form eignen sich aber auch ebenso gut als Lernhilfen und sind daher nicht zuletzt für die Aus- und Fortbildung interessant. Perspektivisch können die Kataloge inhaltlich erweitert und hinsichtlich des sprachlichen Teils mehrsprachig und unter Berücksichtigung der Aussprache erstellt werden.[199] Im Hinblick auf die technische Entwicklung und Modernisierung bieten sich auch Smartphone-Applikationen an, die einen noch schnelleren und zielgerichteten Zugriff auf situationsspezifische Formulierungen und Hilfestellungen erlauben und Polizeibeamte in Ausbildung und Einsatz aktiv unterstützen können.

Professionelle Interaktion bzw. Kommunikation setzt gerade bei Anwendung einer Fremdsprache eine gewisse Übung voraus. In diesem Sinne können Möglichkeiten ausgeschöpft werden, Bestandteile des Konzepts in polizeiliche Lehrveranstaltungen und Schulungen zu integrieren und fächerübergreifend zu arbeiten. Insbesondere im Rahmen des fremdsprachli

---

[198] In Interview 2, S. 72 wurden exemplarisch Standardwendungen benannt, wie „Stop", „Calm down", „How can I help you?", „We can fix the problem." (siehe A 2.2)

[199] Durch das Thüringer Ministerium für Inneres und Kommunales wurde 2016 ein Einsatzwörterbuch für die Feuerwehren im Freistaat Thüringen veröffentlicht, das wichtige Begriffe und Formulierungen mehrsprachig und mit Aussprachehilfen enthält. Perspektivisch wäre ein solches Muster auch für die Polizei eine Option.

chen Unterrichts der Ausbildung bietet es sich an, anhand von Simulationen, bspw. in Form von Rollenspielen, spezifische Situationen darzustellen und zu versuchen, diese gezielt mit Hilfe eines vordergründig auf Einfachheit, Kürze und Verständlichkeit ausgerichteten Englischs zu lösen und polizeispezifische Begriffe verständlich zu gebrauchen bzw. zu umschreiben. Der erstellte Katalog kann hierbei als Hilfsmittel herangezogen und die verschiedenen Formulierungen und Gestenvarianten praxisnah erprobt werden. Die Effektivität und der Realismus solcher Übungen können gesteigert werden, wenn Rollenspieler mit einem fremden kulturellen Hintergrund daran teilnehmen.[200] Potenziell bestünde hierbei die Möglichkeit, dass bei der Verständigung in einer Fremdsprache bestimmte Akzente, Dialekte, gegebenenfalls aber auch Phänomene muttersprachlich geprägter Satzmuster, Diskursstrategien und Konventionen mit einfließen und so das Verstehen der Sprache in den Vordergrund rückt. Sowohl in der Umsetzung der Übungen als auch in der Auswertung kann zudem der kulturelle Aspekt stärker zur Geltung kommen, denn der fremdkulturell geprägte Partner kann im Anschluss an die Übung seine Wahrnehmungen und Eindrücke schildern und vor dem Hintergrund seiner Kultur bewerten, sodass ein wesentlicher Beitrag zur interkulturellen Kompetenzentwicklung geleistet wird. Kulturspezifisches Wissen wird somit automatisch integriert, kann Verständnis erzeugen, zwingt zum Perspektivwechsel und lässt eine ausreichende Reflexion von Erfahrungen im geschützten Raum der Ausbildung zu, der im tatsächlichen Einsatz kaum zu finden ist. Der Erwerb entsprechender Kompetenzen kann für die Praxis sehr hilfreich sein und insbesondere einen Beitrag für eine positive Grundhaltung leisten.[201] Die Simulation von Situationen durch Deutsche kann dies niemals in diesem Maße bewerkstelligen und birgt die Gefahr einer Umsetzung von Stereotypen. Weiterführend können sich die Situationen insbesondere an sogenannten „critical incidents"[202] aus der Polizeipraxis orientieren, um mit Fokus auf kulturelle Aspekte problemintensive und relevante Übungsszenarien zu entwickeln.[203] Im Sinne einer ganzheitlichen Einbindung besteht zudem die Möglichkeit, spezifische englischsprachige Übungen in alle geeigneten Lehrveranstaltungen und Schulungen mit kommunikativer Komponente im

---

[200] Hierfür eignen sich bspw. Dolmetscher, die bereits eng mit der Polizei zusammenarbeiten.

[201] Vgl. Interview 2, S. 71. Eine positive Grundhaltung Fremden gegenüber wird hier als wesentlicher Aspekt für eine erfolgreiche Kommunikation herausgestellt. (siehe A 2.2)

[202] „Critical Incidents bzw. Kritische Ereignisse sind meist kurze Beschreibungen und/oder Abbildungen von konkreten alltäglichen Interaktionssituationen, die zu einem Missverständnis, Problem oder Konflikt führen und/oder für die beteiligten Personen merkwürdig, irritierend oder sogar empörend wirken." Grosch, Groß 2005, S. 235.

[203] Vgl. ebenda, S. 238.

Rahmen von Aus- und Fortbildung zu integrieren, wobei die Umsetzung durch Fachausbilder insbesondere auch vor dem polizeipraktischen Hintergrund bewertet werden sollte. Bspw. bietet auch das polizeiliche Einsatztraining verschiedene Möglichkeiten der Umsetzung von Elementen des Konzepts und würde dazu beitragen, ohne großen zeitlichen Mehraufwand Inhalte schrittweise zu vermitteln und zu wiederholen.[204]

Zuvor müsste jedoch die Verständlichkeit sowie praktische Anwendbarkeit der Satzbausteine bzw. Wendungen und der vorgeschlagenen Gesten überprüft werden. Personen mit unterschiedlichem englischsprachlichem Niveau und kulturellem Hintergrund, Fremdsprachenlehrer sowie polizeiliche Verhaltens- und Kommunikationstrainer können hierbei einbezogen werden. Je nach Erkenntnisstand sind sowohl die Formulierungen als auch die gewählte Gestik zu verändern, zu ergänzen bzw. zu erweitern und weitere Situationen hinzuzufügen, um die Praxistauglichkeit zu gewährleisten.

---

[204] Da im Polizeieinsatztraining vorrangig die Vermittlung praktischer Elemente im Vordergrund steht, ist der Einsatz externer Rollenspieler eher ungeeignet.

6. Fazit

Im Rahmen dieser Arbeit wurde der Entwicklungsprozess eines polizeilichen Konzepts für den Umgang mit nichtdeutschsprachigen Ausländern bis zum Prozessschritt eines Lösungsvorschlags vollzogen. Hierbei wurden Möglichkeiten dargestellt, wie seine Inhalte an Polizeibeamte herangetragen werden können und Anregungen geliefert, wie es in die polizeipraktische Aus- und Fortbildung integriert werden kann. Insbesondere Letzteres setzt die Schaffung geeigneter Rahmenbedingungen voraus. Die Überlegungen liefern, wie das gesamte Feld „interkulturelle Kompetenz", verschiedene, lohnenswerte Ansatzpunkte für weitere Arbeiten, um den interkulturellen Umgang im Rahmen des polizeilichen Kontexts zu thematisieren. Im Zusammenhang mit dieser Arbeit wäre z.B. die Überprüfung der praktischen Anwendbarkeit der Wendungen und Gesten, eine erweiterte bzw. vertiefte fremdsprachliche Auseinandersetzung oder die Erstellung spezieller Simulationen bzw. Rollenspiele zu nennen, die auch „critical incidents" mit einbeziehen.

Polizeiliche Kommunikation in interkulturellen Kontexten stellt einen komplexen Sonderfall dar, wobei das vorliegende Konzept auf das Bedürfnis einer möglichst effektiven Verständigung mit nichtdeutschsprachigen Ausländern abzielt. Durch die Umsetzung einfacher, leicht verständlicher Satzbausteine und kombiniert mit bestimmten Gesten, liefert es praktische Anregungen zur kommunikativen Bewältigung polizeilicher Situationen. Hierbei berücksichtigt es insbesondere kommunikative Zielrichtungen und Strategien. Ist ein Beamter in der Lage, einzelne Wendungen nach den dargestellten Prinzipien situationsgerecht abzurufen bzw. zu modifizieren und sich gegebenenfalls mit Hilfe eingeübter Gestik verständlich zu machen, gestattet ihm dies nicht nur einen leichteren kommunikativen Zugang zum Gegenüber, sondern kann insgesamt ein handlungssichereres Auftreten bewirken und dazu beitragen, die notwendige Autorität, Professionalität und Initiative zu repräsentieren. Obwohl das Konzept auf ein einfaches fremdsprachliches Level ausgerichtet ist und somit eine grundlegende kommunikative Annäherung erlaubt, ist es je nach fremdsprachlichem Niveau der Interaktanten möglich, eine flexible Anpassung an ein höheres Niveau zu vollziehen.

Bei der Bewältigung interkultureller Überschneidungssituationen kommt es immer auf die Fähigkeiten des Polizeibeamten, sein Gegenüber und die konkrete Situation an. Damit das Konzept einen entsprechenden Beitrag für den polizeilichen Umgang mit nichtdeutschsprachigen Ausländern liefern kann, muss der Beamte sein kommunikatives Handwerkszeug zielgerichtet einsetzen und dabei vor dem Hintergrund einer nahezu unüberschaubaren Masse potenzieller interkultureller Kontexte und kultureller Besonderheiten folgendes berücksichtigen:

„[Für] keine polizeiliche Situation [existieren] Königswege [...],
sondern jede Situation ist für sich immer wieder neu und anders
und muss neu bewertet werden. [...] Ein guter Polizeibeamter, der
[...] situativ, taktisch und rechtlich möglichst richtig handeln soll,
[...] muss stets auch immer so ein bisschen sowohl Psychologe,
ein bisschen Diplomat, ein bisschen Seelsorger, ein bisschen Ju-
rist [...], aber auch Schlichter, also vieles in einer Person verkör-
pern. Und sein Handeln erfordert neben rechtlicher Sicherheit
eben auch immer eine gewisse Portion an Kreativität, Improvisa-
tionsgeschick sowie Flexibilität im Denken."[205]

---

[205] Interview 2, S. 73. (siehe A 2.2)

Literatur

Printquellen

Argyle, Michael (1992). Körpersprache, Kommunikation. Paderborn: Junfermann.

Apeltauer, Ernst (1997): Zur Bedeutung der Körpersprache für die interkulturelle Kommunikation. In: Knapp-Potthoff, Annelie, Liedke, Martina (Hrsg.): Aspekte interkultureller Kommunikationsfähigkeit. München: Iudicium, S. 17-40.

Auernheimer, Georg (2010): Interkulturelle Kommunikation, mehrdimensional betrachtet, mit Konsequenzen für das Verständnis von interkultureller Kompetenz. In: Auernheimer, Georg (Hrsg.): Interkulturelle Kompetenz und pädagogische Professionalität. Wiesbaden: Verlag für Sozialwissenschaften, S. 35-66.

Bischoff, Irena (2007): Körpersprache und Gestik trainieren. Auftreten in beruflichen Situationen. Ein Arbeitshandbuch. Weinheim [u.a.]: Beltz.

Bolten, Jürgen (2007): Interkulturelle Kompetenz. Erfurt: Landeszentrale für politische Bildung.

Bornewasser, Manfred (2009): Ethnische Vielfalt im eigenen Land. Eine nicht nur sprachliche Herausforderung im Innen- und Außenverhältnis der Polizei. In: Liebl, Karlhans (Hrsg.): Polizei und Fremde - Fremde in der Polizei. S. 13-44.

Broszinsky-Schwabe, Edith (2011). Interkulturelle Kommunikation. Missverständnisse - Verständigung. Wiesbaden: Verlag für Sozialwissenschaften.

Bundesministerium für Arbeit und Soziales (2014): Leichte Sprache. Ein Ratgeber. Paderborn: Bonifazius.

Camerer, Rudolf: Sprache - Quelle aller Missverständnisse. Zum Verhältnis von Interkultureller Kompetenz und Sprachkompetenz. In: Zeitschrift für Interkulturellen Fremdsprachenunterricht. 3/2007. S. 1-15.

Doser, Susanne (2015): Interkulturelle Kompetenz. 5. überarbeitete Auflage, Offenbach: GABAL.

Dubbert, Gaby: Professionelle Kommunikation in besonderen Situationen. In: Kriminalpsychologie, 2/2005, S. 96-102.

Edmüller, Andreas, Wilhelm, Thomas (2014): Manipulationstechniken. So wehren Sie sich. Freiburg: Haufe-Lexware.

Erll, Astrid, Gymnich, Marion (2007): Interkulturelle Kompetenzen. Erfolgreich kommunizieren zwischen den Kulturen. Stuttgart: Klett.

Frank, Hannes (2016): Interkulturelle Kompetenz in der Polizeiausbidlung. Zwischen Theorie und praktischen Möglichkeiten. Frankfurt: Verlag für Polizeiwissenschaft.

Gläser, Jochen, Laudel, Grit (2010): Experteninterviews und qualitative Inhaltsanalyse. Wiesbaden: Springer.

Gnutzmann, Claus (2004): Lingua franca. In: Byram, Michael (Hrsg.): Routledge encyclopedia of language teaching and learning. London: Routledge, S. 356-359.

Graf, Pedro, Spengler, Maria (2013): Leitbild- und Konzeptentwicklung. 6. überarbeitete und erweiterte Auflage, Augsburg: ZIEL.

Grosch, Harald (2005): Entwicklung von Qualifizierungsangeboten. In: Leenen, Wolf Rainer, Grosch, Harald, Groß, Andreas (Hrsg.): Bausteine zur interkulturellen Qualifizierung der Polizei. Münster [u.a.]: Waxmann, S. 165-226.

Grosch, Harald, Groß, Andreas (2005) Entwicklung spezifischer Vermittlungsformen und Medien. In: Leenen, Wolf Rainer, Grosch, Harald, Groß, Andreas (Hrsg.): Bausteine zur interkulturellen Qualifizierung der Polizei. Münster [u.a.]: Waxmann, S. 227-272.

Gudykunst, William, Kim, Young Yun (1992): Communicating with strangers. An approach to intercultural communication. New York [u.a.]: McGraw-Hill.

Heringer, Hans Jürgen (2012): Interkulturelle Kompetenz. Ein Arbeitsbuch mit interaktiver CD und Lösungsvorschlägen. Tübingen [u.a.]: Francke.

Hermanutz, Max (2013): Polizeiliches Auftreten – Respekt und Gewalt. Eine empirische Untersuchung zum Einfluss verbaler Kommunikation und äußerem Erscheinungsbild von Polizeibeamten auf die Gewaltbereitschaft von Jugendlichen und jungen Erwachsenen. Frankfurt: Verlag für Polizeiwissenschaft.

Hinnenkamp, Volker (1989): Interaktionale Soziolinguistik und interkulturelle Kommunikation. Gesprächsmanagement zwischen Deutschen und Türken. Berlin: De Gruyter.

Hübler, Axel (1985): Einander verstehen. Englisch im Kontext internationaler Kommunikation. Tübingen: Gunter Narr Verlag.

Hücker, Fritz (1997): Rhetorische Deeskalation. Streß- und Konfliktmanagement. Stuttgart [u.a.]: Boorberg.

Jenkins, Jennifer (2000): The phonology of English as an international language. Oxford: University press.

Kendon, Adam (1984): Did gesture have the happpiness to escape the curse at the confusion of Babel? In: Wolfgang, Aaron (Hrsg.): Nonverbal behavior. Perspectives, applications, intercultural insights. Lewiston [u.a.]: Hogrefe. S. 75-114.

Knapp-Potthoff, Annelie (1997): Interkulturelle Kommunikationsfähigkeit als Lernziel. In: Knapp-Potthoff, Annelie, Liedke, Martina (Hrsg.): Aspekte interkultureller Kommunikationsfähigkeit. München: Iudicium, S. 181-205.

Knapp, Annelie (2010): Interkulturelle Kompetenz. Eine Sprachwissenschaftliche Perspektive. In: Auernheimer, Georg (Hrsg.): Interkulturelle Kompetenz und pädagogische Professionalität. Wiesbaden: Verlag für Sozialwissenschaften, S. 81-100.

Kumbrock, Christel, Derboven, Wibke (2016): Kommunikation. In: Kumbrock, Christel , Derboven, Wibke (Hrsg.): Interkulturelles Training. Trainingsmanual zur Förderung interkultureller Kompetenzen in der Arbeit. 3. vollständig überarbeitete Auflage, Berlin [u.a.]: Springer, S. 45-50.

Leenen, Wolf Rainer (2005[a]) Interkulturelle Qualifizierungsansätze für die Polizei. In: Leenen, Wolf Rainer, Grosch, Harald, Groß, Andreas

(Hrsg.): Bausteine zur interkulturellen Qualifizierung der Polizei. Münster [u.a.]: Waxmann, S. 41-62.

Leenen, Wolf Rainer (2005[b]). Interkulturelle Kompetenz. Theoretische Grundlagen. In: Leenen, Wolf Rainer, Grosch, Harald, Groß, Andreas (Hrsg.): Bausteine zur interkulturellen Qualifizierung der Polizei. Münster [u.a.]: Waxmann, S. 63-110.

Thüringer Innenministerium (2011): Leitfaden 371. Eigensicherung.

Liebe (1996): Interkulturelle Mediation - eine schwierige Vermittlung. Eine empirisch-analytische Annäherung zur Bedeutung von kulturellen Unterschieden. Berlin: Berghof Forschungszentrum für konstruktive Konflikbearbeitung.

Mayring, Philipp (2010): Qualitative Inhaltsanalyse. Grundlagen und Techniken. 11., aktualisierte und überarbeitete Auflage, Weinheim: Beltz.

Misoch, Sabina (2015). Qualitative Interviews. Berlin: De Gruyter Oldenbourg Verlag.

Müller, Cornelia (1998): Redebegleitende Gesten. Kulturgeschichte, Theorie, Sprachvergleich. Berlin: Berlin Verlag.

Pfeiffer, Peter (2012): Einsatzkommunikation. In: Lorei, Clemens, Sohnemann, Jürgen (Hrsg.): Grundwissen Eigensicherung. Frankfurt: Verlag für Polizeiwissenschaft. S. 85-107.

Philipp, Swetlana (2002): Kommunikationsstörungen in interkulturellen Erst-Kontakt-Situationen - eine kommunikationspsychologische Untersuchung zu Attributionen und Verhalten in interkultureller Kommunikation. Jena: IKS Garamond.

Rosner, Siegfried (2012): Gelingende Kommunikation revisited. Ein Leitfaden für partnerorientierte Gesprächsführung, wertschöpfende Verhandlungsführung und lösungsfokussierte Konfliktbearbeitung. 3. überarbeitete und erweiterte Auflage, München: Rainer Hampp Verlag.

Samovar, Larry A., Porter, Richard E., McDaniel, Edwin R. (2010): Communication between cultures. Boston: Cencage Learning.

Sauerbaum, Anke (2009): Interaktion und Kommunikation zwischen Polizei und Migranten. Die Polizeiausbildung in Baden-Württemberg auf dem Prüfstand. In: Liebl, Karlhans (Hrsg.): Polizei und Fremde – Fremde in der Polizei. Wiesbaden: Verlag für Sozialwissenschaften, S. 77-90.

Seidlhofer, Barbara (2005): English as a lingua franca. In: Hornby, Albert Sidney (Hrsg.): Oxford advanded learner's dictionary of current English. Oxford: Oxford University Press, R 92.

Spencer-Oatey, Helen, Franklin, Peter (2009): Intercultural interaction. A multidisciplinary approach to intercultural communication. Basingstoke [u.a.]: Palgrave Macmillan.

Sterzenbach, Gregor (2013): Interkulturelles Handeln zwischen Polizei und Fremden. Münster [u.a.]: Waxmann.

Sytschjow, Galina (2016): Was der Körper sagt. Nonverbale Kommunikation von Schutzpolizistinnen und Schutzpolizisten im Einsatz. Frankfurt: Verlag für Polizeiwissenschaft.

Thomas, Alexander (2011): Entwicklung interkultureller Fähigkeiten. In: Treichel, Dietmar , Mayer, Claude-Helene (Hrsg.): Lehrbuch Kultur. Lehr- und Lernmaterialien zur Vermittlung kultureller Kompetenzen. Münster [u.a.]: Waxmann, S. 310-315.

Thomas, Alexander: Kultur als Orientierungssystem und Kulturstandards als Bauteile. In: IMIS Beiträge, 10/1999, S. 91-130.

Thomas, Alexander (1993): Psychologie interkulturellen Lernens und Handelns. In: Thomas, Alexander (Hrsg.): Kulturvergleichende Psychologie. Eine Einführung. Göttingen: Hogrefe, S. 377-424.

Thomas, Alexander, Simon, Patricia (2007): Interkulturelle Kompetenz. In Trommsdorff, Gisela , Kornadt, Hans J. (Hrsg.): Enzyklopädie der Psychologie. Anwendungsfelder der kulturvergleichenden Psychologie. Kulturvergleichende Psychologie. Bd. 3. Göttingen [u.a.]: Hogrefe, S. 135-177.

Watzlawick, Paul, Beavin, Janet H., Jackson, Don D. (2007): Menschliche Kommunikation. Formen, Störungen, Paradoxien. Bern: Huber.

Internet- und Intranetquellen

AD HOC Personal- und Organisationsberatung GmbH (2016): Was ist ein Konzept und wie werden Konzepte entwickelt? <http://www.adhoc-beratung.ch/PDF_Files/4-Seminare/GrundlagenWasisteinKonzept.pdf> (Zugriff am 20.11.2016)

Bildungszentrum der Thüringer Polizei (2017). Fortbildungsprogramm 2017. <http://sbzweb1.it.pth:8080/fmswebmvc/fmsseminar/show?seminaraangebot-A./03.1.1.17> (Zugriff am 05.02.2017)

Cogo, Alessia, Dewey, Martin: Efficiency in ELF communication: From pragmatic motives to lexico-grammatical innovation. Nordic Journal of English Studies, 2/2006. S. 59-93. <http://gupea.ub.gu.se/handle/2077/3148> (Zugriff am 11.11.2016)

Education First (2016): EF English Proficiency Index. <http://www.ef.de/epi/> (Zugriff am 28.12.2016)

Educational Testing Service (2016): 2015 Report on test takers worldwide. The TOEIC listening and reading test. <https://www.ets.org/s/toeic/pdf/ww_data_report_unlweb.pdf> (Zugriff am 28.12.2016)

Fachhochschule Polizei Sachsen-Anhalt (2014): Polizeilicher Umgang mit migrantischen Opferzeugen. Eine explorative Untersuchung zur wissenschaftlichen Aufklärung von Vorwürfen mangelnder Sensibilität von Polizeibeamten in Einsätzen bei vorurteilsmotivierten Straftaten. Forschungsbericht. <http://www.fh-polizei.sachsen-an-halt.de/fileadmin/Bibliothek/Politik_und_Verwaltung/MI/Polizei/fhs/Forschung/Forschungsbericht_mit_Vorwort.pdf> (Zugriff am 02.01.2017)

Grzega, Joachim: Lingua Franca English as a way to intercultural and transcultural competence. Basic Global Englisch (BGE) and other concepts of English as a lingua franca. Journal for EuroLinguistiX, 5/2008, S. 134-161. <http://www1.ku-eichstaett.de/SLF/EngluVglSW/ELiX/grzega-085.pdf> (Zugriff am 06.10.2016)

Grzega, Joachim: Globish and Basic Global English (BGE). Two alternatives for a rapid acquisition of communicative competence in a globalized world? Journal for EuroLinguistiX, 3/2006, S. 1-13. <http://www1.ku-eichstaett.de/SLF/EngluVglSW/ELiX/grzega-061.pdf> (Zugriff am 06.10.2016)

House, Juliane (2001): A stateless language that Europe must embrace. The Guardian Weekly. <https://www.theguardian.com/education/2001/apr/19/languages.hig hereducation> (Zugriff am 11.11.2016)

IELTS (2015): Test taker performance 2015. <https://www.ielts.org/teaching-and-research/test-taker-performance> (Zugriff am 28.12.2016)

Jacobsen, Astrid (2011): Interkulturelle Kompetenz als Methode – Der Situative Ansatz. In: Soziale Probleme, 2/2011, S. 154-173. <http://www.soziale-probleme.de/2011/03_Jacobsen_-_Interkulturelle_Kompetenz_als_Methode_web.pdf> (Zugriff am 10.10.2016)

Landespolizeidirektion Thüringen (2015): Der Kontakt mit Flüchtlingen und Migranten. Informationen und Verhaltenshinweise für Polizeibeamte. <http://cms.it.pth/uploads/tx_templavoila/2015-08-21_flyer_interkulturelle_kompetenz.pdf> (Zugriff am 06.02.2017)

Nattinger, James, DeCarrico, Jeanette: Lexical phrases, speech acts and teaching conversation. In: AILA Review-Revue de l'AILA, 6/1989, S. 118-139. <http://citeseerx.ist.psu.edu/viewdoc/download?doi=10.1.1.470.1743&rep=rep1&type=pdf> (Zugriff am 09.02.2017)

OECD (2005): Definition und Auswahl von Schlüsselkompetenzen. Zusammenfassung. <https://www.oecd.org/pisa/35693281.pdf> (Zugriff am 10.08.16)

PONS Online Wörterbuch <http://de.pons.com > (Zugriff am 08.10.2016)

Statistisches Bundesamt (2017): Ausländische Bevölkerung. <https://www.destatis.de/DE/ZahlenFakten/GesellschaftStaat/Bevoelke-rung/MigrationIntegration/AuslaendischeBevolkerung/Tabellen/Bun deslaender.html> (Zugriff am 20.01.2017)

Thüringer Ministerium für Inneres und Kommunales (2016): Einsatzwörterbuch für die Feuerwehren im Freistaat Thüringen. <http://www.thueringen.de/mam/th3/tim/einsatzworterbuch_online_r echtsbundig.pdf> (Zugriff am 20.10.2016)

Anhang

A 1. Abbildungen und Textausschnitt

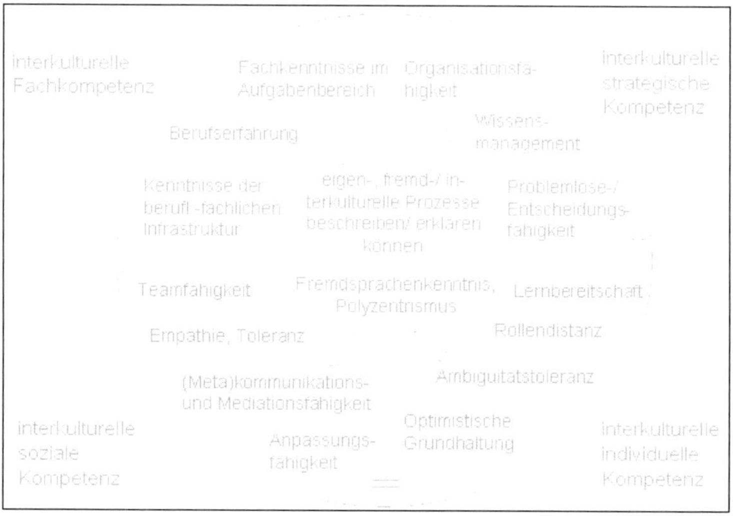

interkulturelle
Fachkompetenz
Fachkenntnisse im   Organisationsfä-
Aufgabenbereich   higkeit
interkulturelle
strategische
Kompetenz
Berufserfahrung
Wissens-
management

Kenntnisse der
berufl.-fachlichen
Infrastruktur
eigen-, fremd-/ in-
terkulturelle Prozesse
beschreiben/ erklären
können
Problemlose-/
Entscheidungs-
fähigkeit

Teamfähigkeit
Fremdsprachenkenntnis,
Polyzentrismus
Lernbereitschaft
Empathie, Toleranz
Rollendistanz

(Meta)kommunikations-
und Mediationsfähigkeit
Ambiguitätstoleranz

interkulturelle
soziale
Kompetenz
Anpassungs-
fähigkeit
Optimistische
Grundhaltung
interkulturelle
individuelle
Kompetenz

Abbildung 1: Interkulturelle Kompetenz nach Bolten (Quelle: Bolten 2007, S. 86)

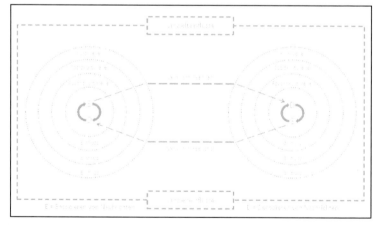

Abbildung 2: Das Sender-Empfänger-Modell in der interkulturellen Kommunikation (Quelle: Gudykunst, Kim 1992, S. 33)

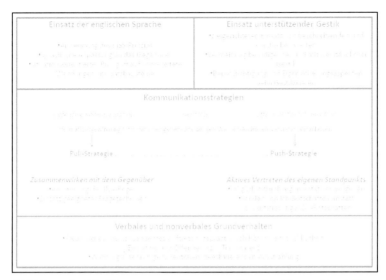

Abbildung 3: Die Elemente des Konzepts (Quelle: Eigene Darstellung unter teilweiser Anlehnung an die Abbildung von Pfeiffer 2012, S. 98)

Interaktionsbezogene Strategien

- Bemühe dich die Kommunikationsbereitschaft des Partners/der Partner zu erhalten, indem du:
  - Tabuverletzungen vermeidest,
  - Annäherungsbereitschaft an die fremde Kommunikationsgemeinschaft signalisierst, z.b. durch partielle Anpassung,
  - nach common ground suchst.
- Suche nach Gemeinsamkeiten und nutze sie als common ground für die Interaktion, sowohl auf globaler als auch auf lokaler Ebene der Interaktion, z.b.:
  - Suche nach gemeinsamer Teilhabe an einer - wenn auch lockeren - Kommunikationsgemeinschaft.
  - Suche nach gemeinsamem Erfahrungshintergrund aufgrund ähnlicher sozialer Rollen.
  - Suche nach einer gemeinsamen Sprache.
  - Suche nach vermuteten Gemeinsamkeiten der Kulturen der Kommunikationsgemeinschaft.
- Erwarte, dass kulturbedingte Andersartigkeit die Interaktion beeinflussen kann und lege dich so spät wie möglich auf eine Interpretation der Äußerungen - auch der nonverbalen - deines Kommunikationspartners fest.
- Erwarte, dass deine Kommunikationspartner deine Äußerungen missverstehen können und achte auf Indizien für Missverstehen im weiteren Verlauf der Interaktion.
- Nutze spezifisches Wissen von den fremden Kommunikationsgemeinschaften sowie allgemeines Wissen über Unterschiede zwischen Kommunikationsgemeinschaften für Hypothesen über die vom jeweiligen Kommunikationspartner intendierte Bedeutung.
- Setze metakommunikative Verfahren zu Prophylaxe und Reparatur von Missverständnissen ein, allerdings nur insoweit, als sie das Gesicht des Kommunikationspartners nicht bedrohen.
- Ziehe, falls möglich, gegebenenfalls einen Sprachmittler hinzu. Mache dem Sprachmittler deine Intentionen so explizit wie möglich.

(Quelle: Knapp-Potthoff 1997, S. 202)

A 2. Befragung

A 2.1 Interviewleitfaden

1. Inwieweit sind Polizeibeamte Ihrer Meinung nach durch Aus- und Fortbildung auf den Umgang mit nichtdeutschsprachigen Ausländern vorbereitet?
2. Wie erleben Polizisten die Kommunikation mit nichtdeutschsprachigen Ausländern im Vergleich zur Kommunikation mit Deutschen in vergleichbaren Situationen?
3. Welche Voraussetzungen und Faktoren ermöglichen Ihrer Meinung nach von polizeilicher Seite eine erfolgreiche Kommunikation mit nichtdeutschsprachigen Ausländern.
4. Welche Rolle spielt spezifisches kulturelles Wissen für eine erfolgreiche polizeiliche Kommunikation mit nichtdeutschsprachigen Ausländern? Bitte bewerten Sie dies auf einer Skala von 0 bis 4!
5. Wie bedeutsam ist die Anwendung einer gemeinsamen Fremdsprache, wie z.B. Englisch, für die polizeiliche Kommunikation mit nichtdeutschsprachigen Ausländern? Bitte bewerten Sie die Bedeutung dieses Faktors auf einer Skala von 0 bis 4 und begründen Sie dies!
6. Wie muss die verbale Kommunikation in einer gemeinsamen Fremdsprache in der Umsetzung konkret gestaltet werden, damit das Gegenüber den Polizeibeamten bestmöglich versteht?
7. Oft wird "mit Händen und Füßen" kommuniziert, um sich zu verständigen. Welche Bedeutung fällt der unterstützenden Gestik im Rahmen der polizeilichen Kommunikation mit nichtdeutschsprachigen Ausländern zu? (Bitte bewerten Sie die Bedeutung dieses Faktors auf einer Skala von 0 bis 4 und begründen Sie dies!)
8. Wie können Polizeibeamte angespannte Situationen unter Beteiligung nichtdeutschsprachiger Ausländer mit kommunikativen Mitteln erfolgreich bewältigen und die Durchführung polizeilicher Maßnahmen ermöglichen?

Begriffsbestimmung: Erfolgreiche Kommunikation
- Gegenüber ist in der Lage den Polizeibeamten zu verstehen
- Gegenüber bleibt (zumindest teilweise) kooperationsbereit
- Polizeiliche Maßnahmen können (unter Mitwirkung des Gegenübers) durchgeführt werden

Polizeiliche Kommunikation ist am Beispiel des Einsatz- und Streifendienstes zu betrachten, d.h. vor dem Hintergrund weitestgehend unvorbereiteter Situationen

A 2.2 Anmerkungen zu den Transkriptionen

Die Interviews wurden wörtlich und in der Hochsprache transkribiert. Paraverbale Äußerungen, wie z.b. Lachen, sind nicht erfasst, ebenso wenig Wortdopplungen, Fülllaute oder Unterbrechungen. Klärende Äußerungen von Seiten des Interviewers sind in Klammern gesetzt und Fragen fett gedruckt. Wesentliche Antwortelemente, die im Rahmen der Analyse erfasst wurden, sind kursiv und fett gedruckt.

Anmerkung der Redaktion:
Sicherlich wäre es für den Leser von Interesse, die Interviews zu lesen, doch wie bereits im Vorwort erwähnt, ist es nicht möglich, aus Gründen des Datenschutzes die transkribierten Interviews abzubilden.

A 3. Kataloge

A 3.1 Anmerkungen zu den Katalogen

Die folgenden Kataloge stehen in Bezug zueinander. Der Katalog in A 3.2 mit den Wendungen und Satzbausteinen verweist auf entsprechende Gesten zur Unterstützung der verbalen Kommunikation in A 3.3. Dieser wiederum verweist teilweise auf Elemente, die der Katalog mit den missverständlichen und beleidigenden Gesten in A 3.4 aufzeigt. Zudem erhält der Katalog mit den Wendungen und Satzbausteinen eine zusätzliche Nummerierung unten mittig, um einzelne Bestandteile leichter aufzufinden.

Folgende zusätzliche Quellen wurden für die Erstellung des Katalogs mit den situationsorientierten Wendungen und Satzbausteinen in A 3.2 als Hilfsmittel verwendet:

Brauner, Norbert, Hamblock, Dieter, Schwindt, Friedrich, Spörl, Udo Harry (2014). It's all part of the job. Englisch für die Polizei – Ein Wörterbuch. Hilden: VDP.

Dimper, Robert (2013): Instant English für Polizeibeamte im Einzeldienst (6. Aufl.). Pleystein: Zottbachtal-Verlag.

Fachhochschule Villingen-Schwenningen Hochschule für Polizei (2005): Sprachführer für Sicherheitskräfte. Fußball-WM 2006. <https://www.lfs-bw.de/fachthemen/verwaltungsstab/documents/stabsarbeit_sprachfuehrer.pdf> (Zugriff am 30.10.2016)

Folgende zusätzliche Quellen wurden für die Erstellung der Gestenkataloge in A 3.3 und A 3.4 verwendet:

Reker, Judith, Große, Julia (2012): Versteh mich nicht falsch! Gesten weltweit. Das Handbuch. München: Piper.

Lefevre, Romana (2011): F*** dich! Unfeine Gesten aus aller Welt. Hamburg: Edel.

Anmerkung der Redaktion: Wie bereits erwähnt, werden genannte Kataloge unter A 3.3 und A 3.4 separat veröffentlicht.

A 3.2 Situationsorientierte Wendungen und Satzbausteine

Der folgende Katalog listet Satzbausteine und Wendungen auf, welche als „useful phrases" die polizeiliche Verständigung mit nichtdeutschsprachigen Ausländern gewährleisten bzw. vereinfachen sollen. Sie zielen insbesondere darauf ab, je nach Kommunikationsziel, gemäß dem KISS-Prinzip spezifische Inhalte zu vermitteln und bei Bedarf auch Umschreibungen für Begrifflichkeiten zu nutzen. Bei allen Wendungen bzw. Satzbausteinen ist die Rechtslage und die konkrete Situation zu berücksichtigen.

Zugunsten eines leichteren Verstehens in der Praxis und zum gezielten Verlangsamen der Sprechweise werden *keine Schmelzwörter* verwendet. *Alternativen* sind durch ein „/" voneinander getrennt. Worte und *Wendungen in runden Klammern sind optional* und können situationsangemessen eingesetzt oder zur Vereinfachung weggelassen werden, ohne dass eine Formulierung ihre grundlegende Bedeutung verliert. *Eckige Klammern* markieren Formulierungen und Begrifflichkeiten, die sich *wahlweise als Begründung oder zur Konkretisierung* eignen. *Fettgedruckte Wörter markieren Wendungen und Satzbausteine*, die als wesentlich erachtet werden. *Kursiv geschriebene Worte* weichen von der standardsprachlichen Norm ab bzw. sind weniger treffend, können unter Umständen jedoch vom Gegenüber verstanden werden und haben unter Umständen große Ähnlichkeit zu deutschen Begriffen, sodass sie *hilfsweise* gebraucht werden können. Anreden wie *„Sir"* oder *„Ma'am"* [206] oder das Wort *„please"* können *je nach Situation vorangestellt oder angehangen* werden, ohne dass dies explizit ausgewiesen wird. Selbiges gilt für die Anwendung von „Sorry" oder „Thank you." Obwohl in vielen Satzbausteinen auch die Formen „could" oder „may" möglich wären und als höflich gelten, wird *im Sinne der Vereinfachung nur „can"* ausgewiesen, da es das Verständnis nicht einschränkt. Als Zukunftsform wird zur Vereinfachung ebenfalls *nur das will-future* angegeben, wenngleich für geplante zukünftige Handlungen standardsprachlich das going-to-future verwendet wird. *Zahlen in der dritten Spalte* hinter einzelnen Bausteinen verweisen auf die entsprechenden *Nummern im Katalog* mit den *Gesten zur Unterstützung der verbalen Kommunikation.*

Die Folgende Tabelle zeigt die Struktur des Katalogs. Formulierungen zur Verständigung, des Anhaltens und Ansprechens, des Begrüßens, des sich Vorstellens, zur Nennung des Grundes und zur Belehrung sind im Kopf der Tabelle erfasst, da sie oft berücksichtigt werden müssen und entsprechend wichtig sind. Die folgenden Zeilen geben den ausgewählten polizeilichen Kontext an bzw. spiegeln die polizeilichen Handlungen und Maßnahmen

---

[206] Entsprechende Anreden ermöglichen die Person höflich und direkt anzusprechen, ohne den Namen der Person kennen oder nennen zu müssen. Das falsche Aussprechen eines Namens wird somit verhindert.

wider. Die Spalten entsprechen den jeweiligen Zielrichtungen im Rahmen der polizeilichen Kommunikation. Zum besseren Verständnis der Systematik des Katalogs ist hierbei anzumerken, dass sich die Reihenfolge der Auflistung der Phrasen vornehmlich an diesen und den ihnen zugrundeliegenden Kommunikationsformen orientiert und dementsprechend nicht zwingend den chronologischen Ablauf einer Konversation darstellt. Die Zahlen in der Tabelle zeigen an, auf welcher Seite die entsprechenden Formulierungen zu finden sind. Weitere Erläuterungen zu den Inhalten der Abschnitte finden sich im Katalog selbst.

Anmerkung der Redaktion: Die Zahlen für die entsprechenden Seitenzahlen wurden nicht entfernt, um dem Leser zu zeigen, mit welcher Akribie die situationsorientierten Wendungen gelistet wurden und um eine gewisse Vollständigkeit der Ausführungen zu erhalten.

	A. Information gewinnen	B. Information geben	C. Überzeugen	D. Warnen	E. Androhen	F. Verbieten, Veranlassen
1. Anhalten, ansprechen, vorstellen						3
2. Allgemeine Formulierungen zur Verständigung						3
3. Allgemeine Formulierungen zur Beruhigung, Deeskalation, Einfrierung der Lage und Eigensicherung						4
4. Allgemeine Nennung des Grundes						6
5. Belehrungen						7
6. Personalienfeststellung, Feststellung von Berechtigungen	10	11	12	13	14	15
7. Klärung von Sachverhalten	15	18	18	18	19	20
8. Platzverweis, Rückkehrverbot, Wohnungsverweisung	20	20	21	21	22	22
9. Durchsuchung, Fesselung	22	23	24	24	25	25
10. Mitnahme zur Dienststelle, Gewahrsam, vorläufige Festnahme	26	26	28	28	28	28
11. Sicherstellung, Beschlagnahme	28	28	29	29	29	29

1. Anhalten, ansprechen und vorstellen

Kommunikation beginnt von Seiten des Polizeibeamten mit dem Ansprechen der Person. Sofern situativ nichts dagegen spricht, sollte eine Begrüßung und eine namentliche Vorstellung des Beamten erfolgen, selbst wenn dies zuvor bereits auf Deutsch geschah.

Hello/Good morning/Good afternoon/good evening.[207]	**Hallo**/Guten Morgen/Guten Tag/Guten Abend.	
I am (police) **officer X**, (from the police department/station Z.)	**Ich bin X** (von der Polizei in Z).	3
This is my partner Y.	Das ist mein Kollege Y.	23

Je nach Situation kann eine vehemente und bestimmte Anhaltung des Gegenübers erforderlich sein.

Stop, (police)![208]	**Anhalten**, (Polizei)!	17,8

2. Allgemeine Formulierungen zur Verständigung

Der Einsatz einer Fremdsprache sollte in Betracht gezogen werden, wenn sie eine bessere Verständigung als eine Kommunikation auf Deutsch verspricht.

Do you/Does someone speak German/English/French/ Spanish/Italian/Russian?[209]	**Sprechen Sie/Spricht jemand Deutsch/Englisch**/Französi sch/ Spanisch/Italienisch/Russisch?	
What language(s) do you speak?[210]	Welche Sprache(n) sprechen Sie?	

---

[207] „Hello" ist die neutralste und einfachste Form zum Grüßen.

[208] Das Wort „police" gibt den Polizeibeamten als solchen offen zu erkennen steigert somit die Verbindlichkeit der Aufforderung.

[209] Die Heranziehung eines Übersetzers kann die Kommunikation stark vereinfachen.

[210] Diese Frage ist darauf ausgerichtet, einen geeigneten Dolmetscher heranzuziehen.

Formulierungen zur Gewährleistung von Verständigung können nicht nur die Konversation förderlicher gestalten, sondern auch helfen, Situationen zu entspannen.

I do not understand (you).	**Ich verstehe** (Sie) **nicht.**	13
Speak...	**Sprechen Sie...**	
...louder/quieter.	**...lauter/leiser.**	9/10
...clearly.	...deutlich.	
...slowly/slower.	**...langsam**/langsamer.	11
What do you mean with...?[211]	Was meinen Sie mit...?	
Can you repeat (it/that) (for me)?	**Können Sie** (es/das) (für mich) **wiederholen?**	12
Can you say it in other words?	Können/Könnten Sie es mir mit anderen Worten be- schreiben?	
Let me repeat that.	Lassen Sie mich das wie- derholen.	
Do you understand/Have you understood (me/ what I say/said)?[212]	**Verstehen Sie** (mich/was ich sage)/**Haben Sie** (mich/das, was ich sagte) **verstanden?**	
Is everything okay/clear (for you)?	Ist soweit alles okay/klar (für Sie)?	
Do you have any ques- tions?	**Haben Sie Fragen?**	4
Yes/Okay/I see/I under- stand.[213]	**Ja/Okay**/Ich verstehe.	6
Can you tell me what you understood?[214]	Können Sie mir sagen, was Sie verstanden haben?	

---

[211] Diese Wendung soll das Gegenüber zur Klärung einer Aussage anregen.

[212] Diese Wendung ist nicht nur zur allgemeinen Verständigung, sondern auch im Rah- men von Belehrungen hoch bedeutsam und sollte nach der Durchführung entspre- chend angewandt werden.

[213] Im Rahmen der INA-Regel können diese Wendungen benutzt werden, um Interesse zu signalisieren und regelmäßig Verständnis zurückzumelden.

[214] Mit dieser Wendung kann sich der Beamte rückversichern, ob der Interaktionspartner tatsächlich alles Wesentliche verstanden hat.

3. Allgemeine Formulierungen zur Beruhigung, Deeskalation, Einfrierung der Lage und Eigensicherung

Die folgenden Wendungen können zur Beruhigung einer Person verwendet werden.

It is okay/Everything is all right.[215]	Es ist alles in Ordnung.	
Calm down/Relax/Keep cool.[216]	Beruhigen/Entspannen Sie sich.	11
We will/can fix/handle this problem.[217]	Wir können das regeln/das Problem bewältigen.	
I will help you.	**Ich werde Ihnen helfen.**	2,16,4

---

[215] Diese Positivformulierung ist besser geeignet als bspw. „Do not be afraid" bzw. „Do not worry" für „Sie brauchen keine Angst zu haben" oder „Machen Sie sich keine Sorgen."

[216] Bei diesen Wendungen ist zu empfehlen, zusätzlich eine der folgenden Wendungen anzufügen.

[217] Die Verwendung des „we" suggeriert Anteilnahme und Offenheit.

Deeskalation kann bereits präventiv geschehen, indem konfliktträchtigen Situationen durch Aussagen und Fragen im Vorfeld begegnet wird oder der Einzelne kommunikativ eingebunden wird.

Is it/Would it be **okay** (for you) **if I/we...**[218] ...come in? ...take a photo? ...talk to your wife/child(ren)?[219] ...take/have a look at [e.g. your injuries, your bag etc.] ...etc.	**Ist/**Wäre **es in Ordnung** (für Sie), **wenn ich/wir...** ...hereinkomme(n)? ...ein Foto mache(n)? ...mit Ihrer Frau/Kind(ern) reden? ...einen Blick auf [z.B. Ihre Verletzungen, Ihre Tasche etc.] werfen. ...etc.	2/5 23 37 15,23
I will come/listen **to you.**	**Ich werde zu Ihnen kommen/** Ihnen zuhören.	2,14,4
I will listen to you one by one.[220]	Ich werde jeden nacheinander anhören.	
Can I talk to you one-to-one/alone/privately?[221]	**Kann ich mit Ihnen unter vier Augen sprechen?**	5
What is your point of view/ opinion?/What do you think about it?[222]	Wie ist Ihr(e) Standpunkt/ Meinung?/Wie denken Sie darüber?	

---

[218] Diese Wendung bezeugt Respekt und kann Handlungsunsicherheiten ausräumen.

[219] Gerade in Kulturen mit differentem Rollenverständnis kann durch diese Formulierung Respekt ausgedrückt und gegebenenfalls besser polizeiliche Zielstellungen erreicht werden.

[220] Im Einsatzgeschehen kann diese Formulierung dazu beitragen, den Informationsinput zu vermindern und fordert gleichsam zur Disziplin der Beteiligten auf.

[221] Diese Wendung dient auch speziell der Separierung eines Betroffenen. Gruppenspezifischen Prozessen und Einwirkungen kann so entgegengewirkt werden.

[222] Diese Wendung integriert das Gegenüber stark in die Kommunikation und schafft eine gute Grundlage für einen gemeinsamen, gewaltfreien Dialog.

Auch direktive Wendungen, die das Gegenüber zu etwas veranlassen oder etwas verbieten sollen, sind zuweilen u.a. zur Eigensicherung angebracht und sollten gegebenenfalls eine entsprechende Erläuterung enthalten.

Stop (it)! [That is not allowed/ for- bidden/prohibited/against the law/illegal/not okay]	**Stopp!** [Das ist nicht er- laubt/verboten/gegen das Gesetz/illegal/nicht in Ord- nung!]	17 7
Keep (a little) distance!/ Do not come closer! [I need (some/a little) space.][223]	Halten Sie (etwas) Ab- stand!/ Kommen Sie nicht näher! [Ich brauche (etwas) Ab- stand/Freiraum.]	20 17 18
Wait/Stay...[224] ...(over) **there.** ...in your flat. ...at your car. ...**here.** ...etc. [I will come to you.]	**Warten**/Bleiben **Sie**... ...**dort** (drüben). ...in Ihrer Wohnung. ...an Ihrem Fahrzeug. ...**hier.** ...etc. [Ich werde zu Ihnen kom- men.]	17,23
Come into the light!	Kommen Sie ins Licht!	23
Show (me) **your hands!**	**Zeigen Sie** (mir) **Ihre Hände!**	45
Turn off... ...the engine/*motor*/car! ...the music/radio! ...etc.	Schalten Sie ...den Motor/das Auto aus! ...die Musik/das Radio aus! ...etc.	
Stop smoking/Put the ciga- rette out.	Hören Sie auf mit Rau- chen/Machen Sie die Ziga- rette aus.	
Put it/that **away.**	**Legen Sie es**/das **weg.**	23

---

[223] Die Proxemik wird kulturell unterschiedlich wahrgenommen. Mit dieser Formulie-
rung kann der Beamte, auch aus eigensicherungstechnischen Gründen gegenwirken.

[224] Diese Formulierung kann ebenfalls dazu dienen, Betroffene zu trennen und Ruhe
und Übersicht zu schaffen.

Im Falle einer plötzlichen Bedrohungssituation für Leib und Leben, können folgende Wendungen angewandt werden.

(Go) Back/Stop/Drop it or I...	**Zu-rück/Stopp/Fallenlassen, oder ich...**	
...use force!	**...wende Zwang an!**	
...spray (pepper)!	**...sprühe (Pfeffer)!**	
...fire/shoot!	**...schieße!**	

4. Allgemeine Nennung des Grundes

Die allgemeine Nennung des Grundes befriedigt ein erstes Informationsbe-dürfnis des Gegenübers hinsichtlich des Auftretens der Polizei.

This is a/an...	**Dies ist ein(e)...**	
...traffic check.	**...Verkehrskontrolle.**	
...identity check.	**...Personenkontrolle.**	
...(police) checkpoint.	...(polizeiliche) Kontroll-stelle.	
...(police) investigation	...(polizeiliche) Untersu-chung.	
...(police) search.	...Durchsuchung/Fahndung.	
...etc.	...etc.	

We are here...	**Wir sind hier...**	25
...to...	**..., um...**	
...check a/an issue/incident/ **situation.**	...einen Sachverhalt/Vorfall/ **eine Situation abzuprüfen.**	15
...ask you some questions/talk to you.	**...Ihnen einige Fragen zu stellen**/mit Ihnen zu reden.	
[It is about...]	[Es geht um...]	
...search/look **for** [e.g. evidence/facts/information (in a criminal case)/drugs/weapons/ stolen objects/(a) (hidden/ missing) person(s), etc.]	**...nach** [z.B. Beweisen/Fakten/ Information (in einem Kriminalfall)/ Drogen/Waffen/ gestohlenen Objekten/(einer) (verborgenen/vermissten) Person(en), etc.] **zu suchen.**	15
...etc.	...etc.	
...because of...	**...wegen...**	
...a(n) (criminal) **offence**/crime.	**...einer Straftat**/einem Verbrechen.	14,19
...loud noises/sound/music.	**...lauten Geräuschen**/lauter Musik.	26
...screams.	...Geschrei.	
...trouble/a dispute/an argument/a conflict.	...Ärger/einer Streitigkeit/einem Konflikt.	27
...a fight.	**...einer tätlichen Auseinandersetzung.**	
...an emergency.	... einem Notfall.	
...etc.	...etc.	
We (have) stopped you because of...	Wir haben Sie angehalten, wegen...	
...dangerous driving.	...gefährlichen Fahrens.	
...driving serpentine/*snake* lines.	...fahren von Schlangenlinien.	
...etc.	...etc.	

5. Belehrungen

Sofern eine rechtswidrige Tat im Raum steht, müssen die Beteiligten ordnungsgemäß und verständlich belehrt werden, bevor die Polizei den Sachverhalt weiter erforscht.[225] In diesem Sinne werden die notwendigen Informationen durch neutrale Aussagen an das Gegenüber herangetragen. Idealerweise werden fremdsprachige Vordrucke für die Belehrung genutzt.

Zeugen[226]

In einem ersten Schritt kann dem Gegenüber seine Rolle verdeutlicht werden.

You can/are able to say **something about the situation**/case/story.	Sie können/sind in der Lage etwas über den Sachverhalt/die Geschichte sagen.	
You are a witness.	Sie sind ein Zeuge.	
I will give you information about your (legal) rights.	Ich werde Ihnen Informationen hinsichtlich Ihrer Rechte geben.	

---

[225] Um Fehler zu vermeiden, ist für eine umfassende Zeugen-bzw. Beschuldigtenvernehmung ein Dolmetscher notwendig.

[226] Die Belehrung von Zeugen richtet sich nach §§ 52, 55, 57 StPO

Für die eigentliche Belehrung bieten sich folgende Formulierungen an.

You have to/must **tell the truth.**/Do not lie.	**Sie müssen die Wahrheit sagen.**/Lügen Sie nicht.	
(But) **You do not have to answer questions about** [eg. your father etc.].	**Sie müssen keine Fragen bezüglich Ihre(r/s)** [z.B. Vaters etc.] **beantworten.**	
You do not have to speak/talk (or answer questions) **about...** ...**something illegal**/forbidden **you did.** ...own wrongdoing/crimes/ (criminal) offences.	**Sie müssen nicht über...** ...**etwas Illegales**/Verbotenes **sprechen, das Sie getan haben** (oder Fragen dazu beantworten). ...eigene Missetaten/Straftaten sprechen (oder Fragen dazu beantworten.)	
You do not have to speak/talk (or answer questions) **about** wrongdoing/crimes/(criminal) offences/**something illegal**/forbidden (close) **members of your family did.**[227].	**Sie müssen nicht über** Missetaten/Straftaten/**etwas Illegales**/Verbotenes **sprechen,** die/**das** (nahe) **Mitglieder Ihrer Familie begangen haben** (oder Fragen dazu beantworten).	

---

[227] Hierbei ist zu beachten, dass der Familienbegriff kulturell äußerst unterschiedlich ist.

Beschuldigte

Die Beschuldigtenbelehrung beginnt mit dem Tatvorwurf, an den sich die eigentliche Belehrung anschließt.

You are accused/suspected of...[228]	**Sie sind beschuldigt/** verdächtigt...	
...hitting [name of vicitim, description of object] with [part of body, object].[229]	...[Name des Opfers, Beschreibung des Objekts] mit [Körperteil, Objekt] getroffen zu haben.	27
...stealing/*taking away* [description of object].	...[Beschreibung des Objekts] gestohlen/ weggenommen zu haben.	28
...insulting/saying/calling bad words to [name of victim].	...[Name des Opfers] beleidigt/schlechte Wörter gesagt zu haben.	
...etc.	...etc.	

Um die Worte „accused" und „suspect" zu vermeiden, bieten sich Alternativen an.

There are/We have information that you...	Da gibt es/Wir haben Informa-tionen, dass Sie...	
You...[230] ...hit [name of vicitim, description of object] with [part of body, object]. ...etc.	Sie... ...traf(en) [Name des Opfers, Beschreibung des Objekts] mit [Körperteil, Objekt]. ...etc.	

---

[228] Dem Beschuldigten muss gem. § 163a IV StPO eröffnet werden, welche Tat ihm zur Last gelegt wird. Diesbezüglich genügt eine einfache Beschreibung der rechtswidrigen Handlung.

[229] „Hit" ist recht allgemein, z.B. im Gegensatz zu „beat" für „schlagen" und eignet sich für die Beschreibung mehrerer Deliktformen, wie z.B. Körperverletzungsdelikte, Sachbeschädigungsdelikte oder auch Verkehrsdelikte.

[230] Diese Formulierung beruht auf sicherem Wissen der Beamten, z.B. bei Feststellung eines Täters auf frischer Tat.

Danach kann nochmals herausgestellt werden, dass es sich dabei um einen Verstoß gegen das Gesetz handelt.

| That is illegal/not allowed/ forbidden/against the law. | Das ist illegal/nicht erlaubt/ verboten/gegen das Gesetz. | |

Es folgt die eigentliche Belehrung.[231]

| I will give you information about your (legal) rights. | Ich werde Ihnen Informationen hinsichtlich Ihrer Rechte geben. | |
| **You can make a statement**/say something about the case/situation (if you want.) **But you do not have to.** | **Sie können sich äußern**/etwas zum Sachverhalt auszusagen, (wenn Sie das wollen.) **Sie müssen jedoch nicht.** | |

---

[231] § 163a StPO i.V.m. § 136 StPO.

You can speak to a laywer (anytime/if you want).	Sie können (jederzeit/wenn Sie wollen) einen Anwalt sprechen.	
You can bring/ present evidence/*facts/information* (for your advantage) (anytime).	Sie können (jederzeit) Beweise/Fakten/Informationen (zu Ihrem Vorteil) vorbringen/einreichen.	

Am Ende einer jeden Belehrung muss sich der Beamte rückversichern, ob diese verstanden wurde, weshalb auf die entsprechenden Formulierungen im Abschnitt zur allgemeinen Verständigung verwiesen wird.

6. Personalienfeststellung, Feststellung von Berechtigungen

Feststellungen zur Person des Gegenübers stellen eine Notwendigkeit im Rahmen der polizeilichen Arbeit dar.

6 A. Informationsgewinnung

Do you have... ...an **ID card**/identity card... ...a **passport**... ...**personal** (identification) **documents**/*papers*...[232] ...a **drivers licence**/driving licence... ...a registration/vehicle/**car document(s)**/*paper(s)*... ...any document/*papers* to identify yourself... (...with you/here)?	Haben Sie... ...einen **Personalausweis**... ...einen **Pass**... ...**Personaldokumente**/ Personalpapiere... ...einen **Führerschein**... ...eine Fahrzeugzulassung/ **Fahrzeugpapiere**... ...irgendwelche Dokumente/Papiere, um sich zu identifizieren... ...(dabei/hier)?	33 39,33
Where are your documents/*papers*?[233]	Wo sind Ihre Dokumente/Papiere?	
What is your... ...(full) **name**? ...**day of birth**/birthday? ...**place of birth**? ...**nationality**/*country*? ...(current) **address**? ...phone number? ...etc.[234]	Wie/Was ist Ihr(e)... ...(voller) **Name**? ...**Geburtstag**? ...**Geburtsort**? ...**Nationalität**/*Land*? ...(aktuelle) **Adresse**? ...**Telefonnummer**? ...etc.	3,4 25

---

[232] Erfasst Ausweismöglichkeiten im Allgemeinen.
[233] Frage, die klären kann, ob die Dokumente gegebenenfalls zügig beizuschaffen sind.
[234] Die Auflistung bezieht sich auf die wesentlichsten Informationen zur Feststellung der Identität.

Where do you come from?	Woher kommen Sie?	
Where do you live in Germany?	Wo wohnen Sie in Deutschland?	
Can you spell it (for me)?	**Können Sie es** (für mich) **buchstabieren?**	
Can you write it down (for me)?[235]	**Können Sie es** (für mich) **aufschreiben?**	31
Are your data/information correct/right?	Sind Ihre Daten/Informationen korrekt/richtig?	

6 B. Informationen geben

Neutrale Formulierungen, die Informationen zum Prozedere und Intentionen des Beamten enthalten, signalisieren dem Gegenüber das erwartete Verhalten, sodass sie bereits handlungswirksam werden können.

I want to check/see **your...**[236] ...ID card/identity card. ...etc.[237]	**Ich möchte Ihre(n)** ...Personalausweis.. ...etc... **...überprüfen**/sehen.	33,29
The (personal) **information** must/**have to be correct**/right.[238]	**Die** (persönlichen) **Informationen müssen korrekt**/richtig **sein.**	

---

[235] Im Zweifelsfall können diese beiden Formulierung helfen, schnell Klarheit zu schaffen und Fehler zu vermeiden.

[236] Diese Formulierung kann bereits als höfliche Aufforderung verstanden werden, die Dokumente auszuhändigen, ohne an Verbindlichkeit einzubüßen.

[237] Siehe Alternativen im Abschnitt *6A. Informationsgewinnung.*

[238] Diese Wendung entspricht einer einfachen Belehrung.

Um dem Gegenüber Informationen zum Zweck der Maßnahme zu verschaffen, bieten sich allgemeine Formulierungen an.

We check (the identity of) people/persons (here)... ...for security/*safety* (reasons). ...to prevent/avoid/*fight* dangers/offences.[239]	Wir überprüfen (hier) (die Identität von) Leute(n)/ Personen... ...zur/aus Sicherheit(sgründen.) ..., um Gefahren/Straftaten zu vermeiden/bekämpfen.	
We need your (personal) information because you are... ...a victim. ...a witness. ...an accused. ...an involved.	Wir brauchen Ihre (persönlichen) Informationen, weil Sie... ...ein Opfer sind. ...ein Zeuge sind. ...ein Beschuldigter sind. ...ein Betroffener sind.	

Falls Auffälligkeiten an den Dokumenten vorliegen, oder die Identität nicht gesichert werden kann, bieten sich folgende Formulierungen an.

The documents/*papers* are not okay.	Die Dokumente/Papiere sind nicht in Ordnung.	
Your identity is not clear.	Ihre Identität ist nicht geklärt.	

---

[239] Diese Formulierung ist insbesondere für Identitätsfeststellungen im Rahmen der Gefahrenabwehr gedacht.

6 C. *Überzeugen*

Beim Überzeugen geht es im Grunde darum, argumentativ auf das Gegenüber einzuwirken. In einer Fremdsprache stellt sich dies als schwierig dar. Dennoch kann, je nach Situation und unter Berücksichtigung der beidseitigen Sprachkompetenz, zumindest teilweise versucht werden, auf das Gegenüber einzuwirken und Ansatzpunkte für das Gespräch zu finden, wie etwa durch eine Fragestellung.

Why do you not want to give any information to us?	Warum wollen Sie uns keine Informationen geben?	
Where is the problem?	Wo ist das Problem?	

Ansonsten wird es dem Beamten häufig darum gehen, zumindest Einsicht für den polizeilichen Standpunkt zu wecken und Kooperationsbereitschaft herzustellen. Wie Hücker exemplarisch verdeutlicht, bieten sich Formulierungssequenzen an.[240] Hierbei kann in einem ersten Schritt Verständnis für die Situation des Gegenübers signalisiert, in einem zweiten Schritt der eigene Standpunkt bzw. ein Argument sachlich vorgebracht und in einem dritten Schritt eine Bitte formuliert werden.

---

[240] Vgl. Hücker 1997, S. 70 f.

Folgende Sequenz bietet sich für eine Vielzahl an Situationen an, weshalb auch in nachfolgenden Abschnitten darauf verwiesen wird.

I can...	Ich kann...	
...understand you.	...Sie verstehen.	
...understand that.	...das verstehen.	
...understand your worries.	...ihre Sorgen verstehen.	
...understand how you feel.	...verstehen, wie Sie sich fühlen.	
...understand your point of view/opinion.	...ihre Sichtweise/Meinung verstehen.	
...understand that it is not easy (for you).	...verstehen, dass das nicht einfach (für Sie) ist.	
...understand that you do not want it.	...verstehen, dass Sie das nicht wollen.	
But...	Aber...	
...I/we/the police have/has no choice/no option/to do it/that.	...ich/wir/die Polizei habe/haben/hat keine Wahl/keine Option/das zu tun.	
...it is necessary in this situation.	...es ist notwendig in dieser Situation.	
So cooperate/work with us, please.	Also kooperieren/arbeiten Sie mit uns, bitte.	5,16

Folgende Alternativen zeigen für den zweiten Schritt weitere, konkretere Beispiele für die Personalienfeststellung auf.

(But) We need information about you... ...for the work on the case. ...to contact you/send mail.	(Aber) Wir benötigen Informationen über Sie... ..., für die Sachbearbeitung ..., um Sie zu kontaktieren/Post zuzusenden.	31
(But) It will just take a moment/a few minutes/not take (a) long (time) (to give us the information.) [You can go, when/as soon as we have (got) the information.]²⁴¹	(Aber) Es wird nur einen Moment/wenige Minuten/nicht lange dauern, (uns die Information zu geben). [Sie können gehen, sobald wir die Informationen haben.]	24,18
(But) It is necessary... ...for security/safety (reasons). ...to prevent/avoid/fight dangers/offences.²⁴²	(Aber) Es ist notwendig... ...zur/aus Sicherheit(sgründen.) ..., um Gefahren/Straftaten zu vermeiden/bekämpfen.	

[You can go, when/as soon as we have (got) the information.][241]

(But) It is necessary...

...to prevent/avoid/fight dangers/offences.[242]

---

[241] Z.B. wenn das Gegenüber vorgibt, keine Zeit zu haben.
[242] Z.B. wenn das Gegenüber Unständnis für die Maßnahme zur Gefahrenabwehr zeigt.

6 D. Warnen

Beim Warnen wird das Gegenüber im Sinne dieser Zusammenstellung auf negative Aspekte eines vorliegenden oder zumindest möglichen Fehlverhaltens hingewiesen. Bereits die grundlegende Information, dass ein bestimmtes Verhalten Rechtsnormen zuwiderläuft, kann als Warnung aufgefasst werden.

It is illegal/not allowed/against the law/not okay... **...to give us no/wrong information** (about yourself).[243] ...not to give us your personal documents.	**Es ist illegal**/nicht erlaubt/gegen das Gesetz/nicht in Ordnung... **...uns keine/falsche Informationen** (über sich) **zu geben.** ...uns keine Personaldokumente auszuhändigen.	33

Ferner können potenzielle Folgen aufgezeigt werden, u.a. aus rechtlicher Perspektive.

You risk/would risk... ...to get problems/trouble. **...to get punished.** ...a (high) (penalty) fine/to pay (much) money.	**Sie riskieren**/würden riskieren... ...Probleme/Ärger zu bekommen. **...bestraft zu werden.** ...(ein(e)) (hohe(s)) Sicherheitsleistung/Bußgeld/ (viel) Geld bezahlen zu müssen.	41,19

---

[243] Zu beachten wäre § 111 OWiG oder auch die Strafvorschriften des § 95 I Nr. 5 AufenthG.

6 E. Androhen

Im Rahmen dieses Katalogs wird nicht nur das in Aussicht stellen von Zwangsmaßnahmen dem Androhen zugerechnet, sondern auch solche Aussagen in einer weiten Auslegung miterfasst, die dem Gegenüber konkret und je nach Handlung die gegebenenfalls notwendigen polizeilichen Folgemaßnahmen bei Zuwiderhandlungen aufzeigen. Folgende Formulierungen beinhalten in einem ersten Schritt das erwünschte Verhalten und in einem zweiten Schritt die zu erwartenden Maßnahmen.[244]

It is better (for you) to... ...cooperate/work with us...[245]	Es ist besser (für Sie)… …zu kooperieren/ mitzu-arbeiten…	5,16
...give me (personal) information about you(rself)… ...give me your [e.g. documents etc.]…	...mir (persönliche) Informationen über sich zu geben…. ...mir Ihre [z.B. Dokumente zu geben etc.]…	
...or we have to/will... ...search you. ...take you to the police station.	...oder wir müssen/werden… ...Sie durchsuchen. ...Sie zur Polizeistation mitnehmen.	22 40,39
...identify you at the police station. [That can take long time.]	…Sie in der Polizeistation identifizieren. [Das kann lange dauern.]	24,19

---

[244] Die Formulierungen sind angelehnt an die Ausführungen von Hücker 1997, S. 76 zur zwangsverhindernden Rhetorik. Gemäß ebenda, S. 77 ist eine Formulierung im Sinne von „Wenn nicht, dann..." nicht förderlich, da sie überstürzte Handlungen provozieren. Wendungen mit *„If you/If you do not..., we will..."* werden deshalb nicht explizit aufgeführt, wenngleich sie im Grunde kurz und prägnant sind.

[245] Diese allgemein gehaltene Formulierung bietet sich für vielerlei Situationen an.

6 F. Veranlassen

Beim Veranlassen erhält das Gegenüber präzise und kurze Anweisungen. Auf diese Weise kann die polizeiliche Maßnahme schnell vollzogen werden. Mit „please" wirken die Anweisungen bestimmt, aber höflich.

Give me your...[246] ...ID card! ...etc.[247]	**Geben Sie mir Ihre(n)** ...Personalausweis! ...etc.	33,29
Tell me your... ...name! ...etc.	**Sagen Sie Ihren...** ...Namen! ...etc.	
Write it down!	Schreiben Sie es nieder!	31
Spell it!	Buchstabieren Sie das!	

7. Klärung von Sachverhalten

Folgende Wendungen zielen vordergründig darauf ab, Sachverhalte vor Ort insoweit zu erschließen und zu klären, dass sich für die Weiterbearbeitung bzw. Folgemaßnahmen ein ausreichendes Bild ergibt.

7 A. Informationsgewinnung

Polizeiarbeit lebt von der Gewinnung von Informationen. Hierbei genügt ein einfacher Einstieg, um erste Informationen zu erhalten.

How can I help (you)?	**Wie kann Ich** (Ihnen) **helfen?**	2
Have you called the police?	Haben Sie die Polizei gerufen?	25

---

[246] Eine mögliche Kurzform wäre auch „ID card, please!"
[247] Siehe Alternativen im Abschnitt *6A. Informationsgewinnung.*

Ansonsten ist die Stellung und Beantwortung der W-Fragen von essentieller Bedeutung. Sie können auch dazu beitragen, die Befragung zu strukturieren.

What happened?	**Was passierte?**	
Who did that/did start/is responsible?	**Wer tat das**/fing an/ist verantwortlich?	
Where did it happen?	**Wo passierte es?**	
Where did he/she go?/Where is he/she (now)?	**Wo ging er/sie hin?**/ Wo ist er/sie (jetzt)?	
How did it happen?	**Wie passierte es?**	
When did it happen?/What time was it?	**Wann passierte es?**/Wie war die Uhrzeit?	24,35
Why did it happen?/What was the reason?	**Warum passierte es?**/Was war der Grund?	
Why has he/she done that?	Warum hat er/sie das getan?	
What did you see/hear?	**Was sahen/hörten Sie?**	15,14
What did he/she say?	Was hat er/sie gesagt?	
What have you done?	Was haben Sie getan?	
Who (else) **has seen/heard something?**/Who could have seen (or heard) something?	**Wer** (noch) **hat etwas gesehen/gehört?** Wer könnte etwas gesehen (oder gehört) haben?	15,14

Um das Gegenüber zur Veranschaulichung eines Sachverhaltes anzuregen, bieten sich folgende Formulierungen an.

Can you show me how it happened?[248]	**Können Sie mir zeigen, wie es passiert ist?**	
Can you draw it (on a paper) (for me)?[249]	Können Sie es (für mich) (auf einem Papier) auf- zeichnen?	31

Sofern die Möglichkeit besteht, dass Schäden an Personen und Sachen entstanden sind, bieten sich folgende Fragen an.

Is anybody/Are you/Who is injured/**hurt?**	**Ist jemand**/Sind Sie/Wer ist **verletzt?**	
Where are you injured/hurt?	Wo sind Sie verletzt?	
Do you need a doctor/first aid/medical care?	**Brauchen Sie einen Arzt**/erste Hil- fe/medizinische Hilfe?	36
What has been dam- aged/broken?	**Was wurde beschä- digt**/ging kaputt?	42
What has been stolen/taken away?	**Was wurde gestohlen/ weggenommen?**	28

---

[248] Diese Aussage soll das Gegenüber veranlassen, Vorgänge darzustellen bzw. nachzu- stellen.

[249] Um Sachverhalte darzustellen, eignen sich manchmal Zeichnungen. Der Polizeibe- amte sollte daher dieses Hilfsmittel nicht nur für sich selbst in Betracht ziehen.

Der Zustand von Personen ist zuweilen durch berauschende Mittel beeinflusst. Eine entsprechende Informationsgewinnung kann sowohl für prozessrechtliche Angelegenheiten als auch die Eigensicherung relevant sein, stellen jedoch in interkulturellen Situationen „Hotspots" dar.[250]

Have you drunk (any) **alcohol?**	**Haben Sie** (irgendwelchen) **Alkohol getrunken?**	30
What/How much have you drunk?	Was/Wieviel haben Sie getrunken?	
Have you taken (any) drugs?	Haben Sie (irgendwelche) Drogen genommen?	
What kind of drugs?	Welche Art Drogen?	
Do you agree to a(n) (voluntary) alcohol test?/Is it okay for you to do an alcohol test? [It is a breathalizer test.] [You do not have to do it.]	Stimmen Sie einem (freiwilligen) Alkoholtest zu?/Ist ein Alkoholtest für Sie in Ordnung? [Es ist ein Atemalkoholtest.] [Sie müssen ihn nicht machen.]	30

---

[250] Zu beachten ist hierbei, dass die Thematik ein Tabuthema für das Gegenüber darstellen kann.

Im Rahmen von Fahndungen sowie zur Erlangung von Informationen zu Personen und Objekten bieten sich folgende Formulierungen an:

What is his/her name?	**Wie ist sein/ihr Name?**	3
Have you seen a man/woman/boy/girl/child/ person... **...who is...** [e.g. x meters tall, (about) x years old etc.]	**Haben Sie ein(e)(n) Mann/Frau/Junge/Mädchen/ Kind/Person gesehen...** **...der/die/das...**[z.B. x Meter groß/etwa x Jahre alt etc.] **ist.**	19
...with/who has (got)... [description of body features, clothes or objects, e.g. brown hair, black jeans, a bag etc.]	**...mit...** [Beschreibung von Körpermerkmalen, Kleidung oder Objekten, z.B. braunem Haar, schwarzen Jeans, einer Tasche etc.]	48
Did he/she/the person have/wear/carry [e.g. a jacket, weapon etc.]?	Hatte/trug er/sie/die Person [z.B. eine Jacke, eine Waffe etc.]?	48
Can you describe/**tell me something about the** [e.g. hair, face, clothes, shoes, etc. of the] **person?**	**Können Sie** die Person beschreiben hinsichtlich/**etwas zu** [z.B. Haar, Gesicht, Bekleidung, Schuhen, etc.] **der Person sagen?**	48
What does he/she/it look like?	Wie sieht er/sie/es aus?	
How old is he/she/the person?	**Wie alt ist er/sie**/die Person?	
How tall/*big* **is he/she**/the person?	**Wie groß ist er/sie**/die Person?	19
Can you tell me something about the [e.g. brand, color, number (plate), etc.] **car/object?**	**Können Sie etwas zur** [z.B. Marke, Farbe, Nummer, etc.] **des Autos/Objekts sagen?**	

7 B. Informationen geben

Soll von polizeilicher Seite der Hinweis erfolgen, dass spezielle Informationen benötigt werden, bietet sich folgende allgemeine Formulierung an:

I need (some/the most important/more) **information about...**	**Ich benötige** (einige/die wichtigsten/mehr) **Informationen über....**	

Ist alles Wesentliche vor Ort geklärt, kann das Gegenüber bei Notwendigkeit gegebenenfalls noch darauf hingewiesen werden, dass eine weitere Befragung in der Dienststelle zu einem späteren Zeitpunkt folgen wird.

The police will ask you more questions later.	Die Polizei wird ihnen später mehr Fragen stellen.	

7 C. Überzeugen

Im Wesentlichen kann sowohl die Eingangsfrage[251] als auch der dargestellte Dreischritt[252] auf Seite 12 angewandt werden, um zu versuchen, das Gegenüber zur Mitwirkung an der Sachverhaltsklärung zu bewegen, weshalb an dieser Stelle nur der zweite Schritt mit weiteren Beispielen ausgestaltet wird.

The more information we have the better we can...[253]	Je mehr Informationen wir haben, desto besser können wir...	
...do our work.	...unsere Arbeit machen.	
...solve the problem.	...das Problem lösen.	
...find out what happened.	...herauszufinden, was passierte.	
...prevent/stop/fight dangers/crimes/(criminal) offences.	... Gefahren/Straftaten verhindern/beenden/bekämpfen.	
...protect [e.g. you/your family/your neighbours/the community etc.).	...[z.B. Sie/Ihre Familie/Ihre Nachbarn/die Gemeinschaft etc.] schützen.	4/32
...help (you/your family/the victim(s)).	...(Ihnen/Ihrer Familie/den Opfern) helfen.	
...find/catch the offender(s)/criminal(s)/outlaws/thief/gangster(s)	...den/die Täter/ Kriminellen/ Gesetzesbrecher/Dieb(e)/ Gangster finden/fassen.	26
...etc.	...etc.	

---

[251] „Why do you not want to give us (any) information?"
[252] Verständnis zeigen, Argument vorbringen, Bitte formulieren: „I do understand you", „But...", „So cooperate/work with us, please"
[253] Bei den folgenden Wendungen wird der Umstand berücksichtigt, dass manche Kulturen eher den Einzelnen, andere eher die Gemeinschaft in den Fokus rücken.

7 D. Warnen

Neben der Erschließung des Sachverhaltes kann es auch notwendig werden, bestimmte Verhaltensweisen durch Warnungen zu unterbinden.

It is illegal/not allowed/against the law/a(n) (minor/small/ criminal) offence/not okay... ...to be so noisy/loud (at this time).[254] ...to solve problems with violence.[255] ...etc.	**Es ist illegal**/nicht erlaubt/gegen das Gesetz/eine Ordnungswidrigkeit/Straftat/nicht in Ordnung... ...so laut (um diese Uhrzeit) zu sein. ...Probleme mit Gewalt zu lösen. ...etc.	
It is dangerous [e.g. to do that etc.].[256]	**Es ist gefährlich** [z.B. das zu tun etc.].	
You risk/would risk... ...**to get punished.** ...**to get hurt.** ...to hurt others. ...etc.	**Sie riskieren**/würden riskieren... ...**bestraft zu werden.** ...**verletzt zu werden.** ...andere zu verletzen. ...etc.	

---

[254] Z.B. bei Ruhestörungen.

[255] Z.B. um Tätlichkeiten zwischen Streitgegnern nach Abrücken der Polizei entgegenzuwirken.

[256] Nach Möglichkeit sollte das Fehlverhalten konkretisiert werden. In der Regel dürfte das Gegenüber jedoch das Fehlverhalten erkennen, sodass auch solch allgemeine Aussagen genügen.

7 E. Androhen

Maßnahmen können auf die dargestellte Weise angedroht werden. Für die eventuell notwendige Androhung von unmittelbarem Zwang sei auf die Wendungen auf Seite 25 verwiesen.

It is better (for you) to... ...cooperate/work with us...[257] ... stop [e.g. being so noisy]...	Es ist besser (für Sie)... ...zu kooperieren/ mitzuar- beiten... ... aufhören [z.B. so laut zu sein.]... ...etc...	5,16
...etc... ...or we have to/will... ...seize/confiscate the ob- ject/item/thing.[258] ...solve the problem at your costs.[259] ...etc.	...oder wir müs- sen/werden... ...das Objekt/den Gegen- stand/das Ding sicherstel- len/beschlagnahmen. ...das Problem auf Ihre Kosten beheben. ...etc.	28 4,41

---

[257] Diese allgemein gehaltene Formulierung bietet sich für vielerlei Situationen an.
[258] Z.B. bei Ruhestörung durch eine laute Musikanlage etc.
[259] Z.B. im Rahmen von Fremd- oder Selbstvornahmen.

7 F. Veranlassen, Verbieten

Deutliche Aufforderungen können insbesondere angebracht sein, wenn zügig konkrete Fakten im Rahmen der Sachverhaltserschließung erlangt werden sollen.

Tell me (more) **about...** ...**the situation**/story/case/ incident/accident! ...the crime/(criminal) offence! ...etc.[260]	**Erzählen Sie** (mehr)... ...**von der Situation**/ Geschichte/vom Vorfall/Unfall! ...von der Straftat! ...etc.	
Tell the truth!/Do not lie!	Sagen Sie die Wahrheit!/Lügen Sie nicht.	
Let us come back to the case/story/situation![261]	Lassen Sie uns zum Sachverhalt/zur Geschichte/zur Situation zurückkommen!	

Bei Verboten jedweder Art, die ein bestimmtes Verhalten von Personen unterbinden sollen, kann folgende Struktur angewandt werden:

Stop... ...being so loud/noisy. ...insulting people. ...etc.	**Hören Sie auf...** ...so laut zu sein. ...Leute zu beleidigen. ...etc.	7

---

[260] Hier ist es möglich auf einzelne Teile der Aussage einzugehen.
[261] Diese Formulierung dient dazu, den anderen aufzufordern, thematisch nicht abzuschweifen bzw. sachlich zu bleiben.

8. Platzverweis, Rückkehrverbot, Wohnungsverweisung

8 A. Informationsgewinnung

Die folgende Frage dient dazu, Informationen zur Anwesenheit einer Person an einem Ort zu erlangen.

What are you doing here?	Was tun Sie hier?	

Im Rahmen von Wohnungsverweisungen bietet es sich an, den Betroffenen Fragen zu stellen, die eine Gefahrprognose für eine eventuelle vorzeitige Rückkehr zulassen.

Do you know where you will/can go?	Wissen Sie, wohin Sie gehen werden/können?	
Where will you go?	**Wohin werden Sie gehen?**	
Can you stay there for a few days?	Können Sie dort einige Tage unterkommen?	

8 B. Informationen geben

Die Weitergabe von Informationen begründet auch Maßnahmen und kann bereits dazu führen, dass sich Personen ohne weitere Anweisungen wegbegeben.

The police/fire brigade/doctors need(s) this place.	Die Polizei/Feuerwehr/Ärzte brauch(t/en) den Platz.	
The place needs to/must be (kept) free... [...for safety (reasons). ...for the police/fire brigade/doctors.]	Dieser Ort muss frei bleiben... [...aus Sicherheitsgründen. ...für die Polizei/Feuerwehr/Ärzte.]	
We want you to go/leave (this place/area/flat/house)... [...to... ...prevent/*avoid*/dangers/offences/trouble. ...make sure nobody gets hurt.] [...for... ...security/safety (reasons).]	**Wir wollen, dass Sie gehen**/(diese(s/n) Platz/Bereich/ Wohnung/Haus verlassen.)... [...um... ...Gefahren/rechtswidrige Taten/ Ärger zu vermeiden. ...sicherzugehen, dass niemand verletzt wird.] [...aus... ...Sicherheit(sgründen).]	38

8 C. Überzeugen

Falls es zu Diskussionen bei der Maßnahme kommt, kann der Beamte je
nach Situation auf die bereits dargestellten allgemeinen Formulierung bzw.
den Dreischritt auf Seite 12 zurückgreifen.[262]

8 D. Warnen

You risk...	**Sie riskieren...**	
...**to get hurt**...	...**verletzt zu werden**...	
...(unnecessary) **trouble**...	...(unnötigen) **Ärger**...	
[...if you do not...	[...wenn Sie nicht...	
...leave the place/go away/stay away.]	...den Ort verlassen/weggehen/ wegbleiben.]	

8 E. Androhen

Die folgenden Wendungen können eingesetzt werden, wenn der Platzver-
weis ausgesprochen wird oder ein solcher bereits ergangen ist.

It is better (for you) **to...**	**Es ist besser** (für Sie)...	
...**leave this place**/house/flat...	...**diese(n**/s) **Platz**/Haus/ Wohnung **zu verlassen**... ...**wegzubleiben**...	
...**stay away**...		
...**or we have to/will**...	...**oder wir müssen/werden**...	26/27
...**use force.**	...**Zwang anwenden.**	26
...**arrest you**/take you into custody/to the police station/away from here.	...**Sie in Gewahrsam nehmen**/zur Dienststelle bringen/ von hier wegbringen.	

---

[262] Z.B. „I can understand that you do not want it. But it is necessary in this situation. So cooperate, please."

Platz- und Wohnungsverweisungen enthalten immer auch Informationen zum räumlichen und zeitlichen Umfang.

Leave this place/location/area/flat/house (now)!	**Verlassen Sie** (jetzt) **diese(n**/s) **Ort**/Bereich/Wohnung/Haus!	38
Do not come back before...	**Kommen Sie nicht zurück** (be)**vor...**	
...**x o'clock today/tomorrow!** ...the fire brigade/police/doctors has/have finished. ...the event has finished.	...**x Uhr heute/morgen!** ...die Feuerwehr/Polizei/Ärzte fertig ist/sind. ...die Veranstaltung zu Ende ist.	24,35
Do not come back before x days are over/**dd.mm.yyyy.**[263]	**Kommen Sie nicht zurück** bevor x Tage vorüber sind/**vor dem TT.MM.JJJJ!**	35

---

[263] Hier kann bereits eine Androhung von Zwangsmitteln erfolgen.

9. Durchsuchung, Fesselung

Im Zuge von Durchsuchungen können je nach Sachverhalt gegebenenfalls auch Fesselungen zur Vermeidung von Gefahren eine Rolle spielen. Aus diesem Grunde werden Formulierungen für diese Maßnahmen im Folgenden zusammengefasst dargestellt.

9 A. Informationsgewinnung

Vor der Durchführung von Durchsuchungen werden Personen in der Regel zum Zwecke der Eigensicherung befragt.

Is there anything in your pockets?	Ist etwas in Ihren Taschen?	47
What do you have/is in **your**...	**Was haben Sie/ist in Ihre(n/m/r)...**	
	...**Taschen?**	47
...**pockets?** ...**bag/rucksack?**	...**Beutel/Tasche/Rucksack?**	47
Do you have/carry (any) **weapons or dangerous objects**/items/things (with/on you)?	**Haben/Tragen Sie** (irgendwelche) **Waffen oder gefährlichen Gegenstände** (bei sich)?	
Do you have any (dangerous) **diseases?**/Are you ill/sick?	**Haben Sie irgendwelche** (gefährlichen) **Krankheiten?** Sind Sie krank?	43

9 B. Informationen geben

Vor der Maßnahme sollte das Gegenüber Informationen zum Prozedere erhalten.

We will search you/check your clothes...	**Wir werden Sie durchsuchen**/ Ihre Kleidung überprüfen...	22
[...for... ...(personal) documents/*papers*.	[...nach/zu... ...(Personal) Dokumenten/ *Papieren*.	33
...the ID-card.	...dem Personalausweis.	33
...evidence.	...Beweisen.	
...dangerous/forbidden/illegal items/objects/things.	...gefährlichen/verbotenen Gegenständen/Dingen.	
...weapons.	...Waffen.	
...drugs.	...Drogen	5
...(our) safety.	...(unserer) Sicherheit.	
...etc.]	...etc.]	
We will (also) **search your bag/bags.**	**Wir werden** (auch) **ihre Tasche/Taschen durchsuchen.**	15,47
[You can watch (me).][264]	[Sie können (mir) zusehen.]	4,15
We will handcuff you... [...for transport. ...for (our) security/safety.]	**Wir werden Sie fesseln...** [...für den Transport. ...für (unsere) Sicherheit.]	26
You have to tolerate it. So cooperate/work with us.	Sie müssen es dulden. Also kooperieren/arbeiten Sie mit uns.	5,16

---

[264] Die Anmerkung, dass die Person der Durchsuchung beiwohnen kann, ist auch Gründen der Eigensicherung relevant und kann zur Entschärfung und dem Schutz des Beamten beitragen.

Auch während der Durchsuchung können kurze Informationen hilfreich sein, Fehlreaktionen zu vermeiden.

We start (now)/We begin.	Wir fangen (jetzt) an.	
Arm/Back/Front/Leg.[265]	Arm/Rücken/Vorderseite/B ein	
I put this (safely) away.	Ich lege das (sicher) beiseite.	
I give this to my partner.	Ich gebe das meinem Partner.	
[You will get it back (later)].[266]	[Sie bekommen es (später) wieder.]	

9 C. Überzeugen

Um Diskussionen hinsichtlich der Notwendigkeit der angeführten Maßnahmen zu begegnen und den polizeilichen Standpunkt zu vertreten, können die dargestellten Allgemeinformulierungen auf Seite 12 des Katalogs angewandt werden.

---

[265] Vorherige Ansage der Körperpartien, damit sich das Gegenüber während der Durchsuchung darauf einstellen kann. Berührungen von Fremden werden ebenfalls kulturell äußerst unterschiedlich wahrgenommen. Aus diesem Grunde ist Vorsicht geboten.

[266] Falls dies zutreffend ist, kann diese Formulierung die Situation entspannen.

9 D. Warnen

Vor rechtlichen Folgen eines Fehlverhaltens kann nach dem bereits bekannten Muster gewarnt werden.

It is illegal/not allowed/against the law/a(n) (criminal) offence/*not okay...* **...to resist/fight.**	**Es ist illegal**/nicht erlaubt/ gegen das Gesetz/eine Straftat/*nicht in Ordnung...* **...Widerstand zu leisten/zu kämpfen.**	7,27
You risk/would risk... **...to get punished.**	**Sie riskieren**/würden riskieren... **...bestraft zu werden.**	

Auch praktische Folgen können aufgezeigt werden.

It is dangerous to move fast/rapidly. [We could misunderstand it.]	**Es ist gefährlich sich schnell zu bewegen.** [Wir könnten es missverstehen.]	

9 E. Androhen

Gibt es Hinweise darauf, dass das Gegenüber körperlichen Widerstand leistet, kann eine Ich-Botschaft im Vorfeld die Lage etwas entspannen.

We do not want a fight.	Wir wollen keinen Kampf.	5,7,27
We do not want anybody to get hurt.	Wir wollen nicht, dass jemand verletzt wird.	

Dennoch sollten Zwangsmaßnahmen klar angedroht und das erwartete Verhalten signalisiert werden.

It is better (for you)...	**Es ist besser** (für Sie),...	
...to stay/keep **calm...**	**...ruhig zu bleiben...**	11
...not to resist/fight...	...keinen Widerstand zu leisten/zu kämpfen...	
...or we will...	**...oder wir werden...**	
...use force.	**...Zwang anwenden.**	26/27
...arrest you/take you into custody/to the police station.	...Sie in Gewahrsam nehmen/zur Dienststelle bringen.	26
...handcuff you.	**...Sie fesseln.**	26
[That can hurt.]	[Das kann weh tun.]	

Eine prägnante Kurzform wäre im Rahmen der Androhung von unmittelbarem Zwang:

Do not resist/fight or we will use force.	**Leisten Sie keinen Widerstand/Kämpfen Sie nicht, oder wir wenden Zwang an.**	7,27

Do not move/Freeze/Stay where you are/Stand still!	**Keine Bewegung**/Bleiben Sie dort/Stehen Sie still!	17
Empty your pockets/bag (slowly).	**Leeren Sie** (langsam) **ihre Taschen/Tasche.**	47
Take off... ...**your jacket!** ...your shoes/boots! ...your pullover! ...your cap! …etc.	**Ziehen Sie...** ...**Ihre Jacke aus!** ...Ihre Schuhe/Stiefel aus! ...Ihren Pullover aus! ...Ihre Mütze! …etc.	
Turn around... [...to the wall! ...to the car! ...etc.]	**Drehen Sie sich um...** [...zur Wand! ...zum Auto! ...etc.]	46
Hand(s)... …at/**on the wall!** …on the car! …behind the back!	**Hand/Hände...** …**an die Wand!** …ans Auto! …hinter den Rücken!	 44 44
Feet away from the wall! Wider apart! This distance…[267] …from the wall. …from hand to hand. …from foot to foot.	**Füße weg von der Wand!** Weiter auseinander. Diese Entfernung… …von der Wand weg. …von Hand zu Hand. …von Fuß zu Fuß.	 21
Lay down! Face to the ground/floor!	**Hinlegen!** Gesicht zum Boden!	23
Put your right/left arm to the side!	Nehmen Sie ihren rechten/linken Arm zur Seite!	

---

[267] Hier sollte mit den Händen die Entfernung dargestellt werden.

10. *Mitnahme zur Dienststelle, Gewahrsam, vorläufige Festnahme*

Wird einer Person eröffnet, dass sie mit zur Polizeistation kommen muss, sei es bspw. im Rahmen oder zum Zwecke der Sachbearbeitung, Identitätsüberprüfung bzw. erkennungsdienstlichen Behandlung oder aber einer Ingewahrsamnahme oder vorläufigen Festnahme, kann dies je nach Hintergrund zur Anspannung der Lage führen. Selbiges gilt auch für notwendige Blutentnahmen im Krankenhaus.

10 A. *Informationsgewinnung*

Wenn obige Maßnahmen anstehen, ist in der Regel der Hintergrund für das Gegenüber weitestgehend bekannt und gegebenenfalls solche Fragen relevant, die mit anderen Maßnahmen in Verbindung stehen, wie bspw. bei Personalienfeststellungen oder Durchsuchungen.

10 B. *Informationen geben*

Neben Informationen zur Maßnahme an sich sollten auch Hinweise zum Prozedere und dem zeitlichen Umfang erfolgen.

You have to come with us…	Sie müssen mit uns mit-kommen…	4,40,39
	…zur Dienststelle.	
…to the police station. …to the hospital.	…ins Krankenhaus.	

[There we will...	[Dort werden wir...	
...complete/finish the paperwork.	...den Schreibkram erledigen.	31
...clear/check your identity/find out who you are.	...Ihre Identität klären/prüfen/herauszufinden wer Sie sind.	37,34
...take photos and fingerprints.	...Fotos machen und Fingerabdrücke nehmen.	30
...do an alcohol test.]	...einen Alkoholtest machen.]	
We will arrest you/take you into custody.[268]	**Wir werden Sie festnehmen**/in Gewahrsam nehmen.	26
You are arrested.	men.	26
	Sie sind festgenommen.	
[We want to...		
...avoid/prevent/fight dangers/(criminal) offences.	[Wir wollen...	
...make sure nobody gets hurt.	...Gefahren/Straftaten vermeiden/bekämpfen.	7,27
	...sichergehen, dass niemand verletzt wird.	7,42
...make sure nothing gets broken/damaged.[269]	...sichergehen, dass nichts kaputt geht/beschädigt wird.	
...etc.]	...etc.]	
[Because...	[Weil...	4,7,38
...you do not leave this place/flat/house.	...Sie nicht diesen Ort/diese Wohnung/dieses Haus verlassen.	
...you are accused/suspected of a crime/(criminal) offence.	...Sie einer Straftat beschuldigt/verdächtig sind.	4,27
...you resisted/fought us.	...Sie Widerstand geleistet/uns bekämpft haben.	31,26
...there is an arrest warrant/detention order	...es einen Haftbefehl gibt.	

---

[268] Sofern „arrest" auch für „Gewahrsam" verwendet wird, dürfte dies die grundlegende Aussage kaum beeinträchtigen.
[269] Z.B. bei Randalierern.

...etc.]	...etc.]	
You have to tolerate it. So cooperate/work with us.	Sie müssen es dulden. Also kooperieren/arbeiten Sie mit uns.	5,16
It is (just) **for a short time**/temporarily.[270]	**Es ist** (nur) **für kurze Zeit**/vorübergehend.	24,18
The judge will decide on/*about* your case/situation.	Der Richter wird über ihren Fall/ihre Situation entscheiden.	
You can make a call (to let somebody know where you are).[271]	Sie einen Anruf tätigen (um jemanden wissen zu lassen, wo sie sind.)	25

10 C/D/E. *Überzeugen/Warnen/Androhen*

Hier bieten sich gegebenenfalls die allgemeinen Formulierungen zum Überzeugen auf Seite 12 bzw. die entsprechenden Formulierungen zum Warnen und Androhen im Abschnitt Durchsuchung, Fesselung auf Seite 24 f. an.

10 F. *Veranlassen*

Come with/Follow **me!**	**Kommen Sie mit mir**/Folgen Sie mir!	40
Get in/into **the car!** **Get out**/out of **the car!**	**Steigen Sie ins Fahrzeug! Steigen Sie aus dem Fahrzeug!**	23

---

[270] Diese Informationen können das Gegenüber gegebenenfalls beruhigen, da es sich je nach Sachverhalt nur auf einen kurzen Aufenthalt bei der Polizei einstellen kann.

[271] Diese Information könnte ebenfalls zur Entspannung der Lage beitragen und verschafft dem Gegenüber Sicherheit.

11. Sicherstellung, Beschlagnahme

11 A. Informationsgewinnung

Is that yours?	Ist das Ihres?	23,4
Who is the owner?	Wer ist der Eigentümer?	
What do you need it for?	Für was brauchen Sie es?	
Where did you get it from?	Woher haben Sie das?	
Do you give it to me voluntarily/by yourself/*freely*?	**Geben Sie es mir freiwillig**/von sich aus/*frei*?	

This is a(n)...	Dies ist ein(e)...	
...weapon.	...Waffe.	
...illegal/forbidden/dangerous/ stolen object/**item**/drug/ animal/thing.	...verbotene(r/s)/gefährlich e(r/s)/gestohlene/r/s)Objekt/ Gegenstand/Droge/Tier/	
...evidence.	Ding.	
	...Beweismittel.	
I will confis-cate/seize/*secure* **it**[272]/*take it to me.*[273]	**Ich werde es beschlag-nahmen/ sicherstellen/** *an mich nehmen.*	28
You will/can/will not/can not get it back.	**Sie werden es/können es/werden es nicht/können es nicht zurückerhalten.**	7
You can get it back at the police station.	Sie können es bei der Dienststelle zurückerhalten.	
The judge will decide on/*about* the confiscation. You can ask for/request the decision anytime.	Der Richter wird über die Beschlagnahme entschei-den. Sie können die Entschei-dung jederzeit beantragen.	
I will write a(n) (official) form/document (for you).[274]	Ich werde ein (offizielles) Formu-lar/Protokoll/Dokument (für Sie) schreiben.	31

---

[272] „Confiscate" als Ableitung von „konfiszieren" bedeutet zwar im rechtlichen Sinne eine Beschlagnahme, doch zur grundlegenden Verständigung ist der genaue Unter-schied unerheblich, falls der Begriff ebenso zur Sicherstellung verwendet wird

[273] „Take it" im Sinne von „an sich nehmen" drückt zwar ebenfalls das aus, was der Polizeibeamte beabsichtigt, könnte beim Gegenüber jedoch den Eindruck erwecken, dass der Beamte willkürlich handelt. Ebenfalls sollte eine Begründung geliefert wer-den.

[274] Die Aushändigung einer Kopie des Sicherstellungsformulars ist obligatorisch, den-noch ist diese Formulierung geeignet, das Gegenüber gegebenenfalls zu beruhigen.

10 C. Überzeugen

Neben den allgemeinen Formulierungen zur Darstellung des polizeilichen Standpunkts können speziellere Wendungen helfen, die Kooperation zu sichern.

It will not...	Es wird nicht...	
...get broken.	...kaputtgehen.	7,42
...get lost.	...verlorengehen.	
I will/have to take care (of it.)	Ich werde/muss (darauf) aufpassen.	2

10 D/E. Warnen/Androhen

Liegen Anzeichen dafür vor, dass das Gegenüber durch Widerstand die Sicherstellung verhindern will, bieten sich im Wesentlichen die entsprechenden Formulierungen zur Warnung vor Widerstand und die Androhung von Zwang im Abschnitt Durchsuchung, Fesselung auf Seite 24 f. an.

10 F. Veranlassen

Give it to me (slowly)!	**Geben Sie mir das** (langsam)!	29
Put it down...	**Legen Sie es hin...**	23
...(on the floor!)	...(auf den Boden)!	
...(on the table!)	...(auf den Tisch)!	
...(etc.)	...(etc.)	
Sign (the form) **here.**	**Unterzeichnen Sie** (das Formular) **hier.**	31

 Folgen Sie dem Verlag für Polizeiwissen-
schaft bei Instagram und erfahren Sie
immer alle Neuerscheinungen:

https://www.instagram.com/verlagfuerpolizeiwissenschaft/

Polizeiwissenscha

Verlag für
wissenschaft
für Polizei-
Verlag für
Polizeiwissenschaft
Verlag für
Polizeiwissenschaft
Verlag
für Polizei-
wissenschaft
Verlag für
Polizeiwissenschaft
Verlag für Polizeiwissenschaft
Verlag für Polizeiwissenschaft

Innere Sicherheit
Psychologie   Ethik
Nachrichtendienst

www.polizeiwissenschaft.de

Polizeipsychologie
Führungslehre
Kriminalistik   Recht
Polizeiforschung
Prävention   Soziologie
Kriminalpsychologie
Polizeigeschichte
Kriminologie
Politikwissenschaft
Forensik   Einsatzlehre
Öffentliche Sicherhe
Rechtspsychologie